# 股票价格高估对中国上市企业投资规模和效率的影响研究

丁 毅 著

中国农业出版社
北 京

# 前　　言

一般认为，股市是宏观经济的“晴雨表”，然而股市脱离实体经济走势出现长期大涨或大跌的现象经常发生。在美国20世纪二三十年代和八九十年代以及21世纪初的“金融海啸”期间，都出现了实体经济相对稳健而股市剧烈波动的情形。而在中国，这一现象更加明显，股市一直都与实体经济不匹配，中国实体经济一直保持10%左右的高速增长，最近几年进入新常态，也能维持7%以上的稳健增长。然而这期间股市的表现却是非常不稳健，出现了几次大涨大跌，而在相对稳定的年份，也不是保持与GDP相当的增速。股市与实体经济的背离，在一定程度上表明股市对实体经济的作用远非经济加速器那么简单。

同时，作为微观市场主体的上市公司的股价往往偏离公司基本面，出现高估或低估现象，我国中小板上市公司在近十年的托宾q值均值为2.372，一定程度上反映出A股的高估现象较普遍，这一点从A股对H股的溢价就可见一斑。围绕股价的高估（或者说误估）开展研究，是分析股市与宏观经济关系的微观基础，其重大理论和实际意义不言而喻。

金融具有服务实体经济的重要作用，对于股票市场的研究，不应局限于虚拟经济本身，而应延伸至企业的实际投资决策，讨论企业的投资数量和投资效率。因此，研究股市对实体经济在宏观上的影响，从微观层面上就是要看个体股价的误估对企业实体投资的影响。从宏观问题转到微观基础的分析，从股市制度建设和赌场论转为个体企业的实体投资支出和投资效率，理论研究才能更加具体、更有针对性，对企业更加具有可操作性，更有利于政府科学制定相关政策。因此，在中国股市大幅波动的背景下，在中国宏观经济不景气的现实下，研究股价高估对中国上市企业的投资支出多少和投资效率的影响，发现虚拟经济服务实体经济的具体机制和可行路径，成为本书研究的切入点和根本任务。

本书由6个部分组成，按照股票价格高估影响上市企业投资支出和效率理论模型的提出、理论假设的实证检验和影响关系的归因分析的基本思路展开。

第一章为导论，主要介绍研究的背景和意义、主要内容、结构安排及研究的创新之处。本书的股价高估程度是以托宾q值来计量刻画的，q越大表示高估程度越严重，q越小表示高估程度越小（或低估越严重）。因此，高估程度是相对概念，是相对于变动中的公司基本面而言的误估，所以，计量中也包括q值较小的样本。既然q也可以表示低估，那么为什么使用股价高估这个概念呢？原因有三：一是与主要文献保持可比性，本书的主要理论分析和实证检验都侧重高估的情况；二是中国大多数上市公司存在股价高估问题（使用托宾q值理论的q是否大于1作为是否高估的标准），我国中小板上市公司在近十年的托宾q值均值为2.372，所以“高估”一词本身就代表了多数样本；三是为了使本书有关结论更加明确，使得股价“高估”一词更加“名副其实”，本书还使用q是否大于2作为是否高估的标准，做了分组检验，即包含少数低估样本的总体样本下成立的结论在q大于2的较为高估的样本组会得到强化。简言之，托宾q值只表示股价高估程度，但是总体样本和分样本都验证了高估影响投资的有关结论。同时，投资效率沿用标准概念，是相对于最优投资数量而言、针对公司实际投资决策的分析和检验，侧重于投资高于或低于最优数量的差额，而不是指收益率等最终投资结果。

第二章为文献综述。主要回顾了股票价格高估和企业投融资决策领域的基本理论，包括理性泡沫理论、行为金融学泡沫理论、托宾q值理论、信息不对称理论、委托代理理论、市场择时理论以及融资约束理论等。并且也梳理了研究股票价格误估与企业投资关系的相关理论。对现有研究如何探索和发现股票市场的过度波动特征，以及股票价格高估与企业投资的相关性进行评述，从而引出本书的研究主题：股票价格高估是否影响上市企业的投资支出，股票价格高估与上市企业投资支出是否正相关，这种正相关性是如何产生的，股票价格的严重高估是否导致上市企业投资的过度波动，是否影响上市企业的投资效率。最后在介绍相关文献内容的基础上，指出其研究的不足以及对本研究的启示。

通过文献综述可以看出，现有文献对于股价高估如何影响企业投资没有统一的定论，实证结果分歧较大。需要值得深入探讨的问题是：股价高估是否影响企业投资，中间机制是增发股票吗？这个逻辑归因是资本成本问题吗？其可能的影响、机制及归因是：在托宾 q 值理论下企业在股价高估时会增发股票，而企业股权依赖时或融资约束时，增发股票的成本较低，于是企业利用这些低成本融资去投资潜在项目。但是这个完整的逻辑链条并没有完全一次性地被阐述清楚，都是各自在不同的假设下做理论分析或在不同的样本下做实证检验，并且都是局限于链条的某些方面而忽视了其他方面。因此，全面分析股价高估对企业投资的实质影响、具体机制和归因分析，十分重要且必要。

第三章构建一个刻画股票价格高估通过股权融资机制影响上市企业投资的理论模型，提出股权融资机制是上市企业投资受股票价格高估影响的重要途径。不同于主流的理论模型，本书还着重阐释了股价高估对投资效率的理论影响，并与投资支出多少结合起来理解，试图在股价高估影响投资多少和投资效率两方面得到一个统一的理论模型作支撑。同时，在理论模型中提出可供检验的假设，为后续的实证研究提供理论基础。

通过最优化的模型证明，因为最优投资额是既定的，不论企业是否存在股权依赖或是否做出增发决策，股价高估都不会影响投资额。这与 Baker 等（2003）的研究结论并不一致。这也恰是现有文献的主要分歧点。本书认为，实际上既定的最优投资假说是不符合实际的，现实中的企业，不是因为资金缺乏而无法覆盖所有的目标项目的投资，就是因为管理者“帝国建造”和在职消费的冲动而盲目扩张项目，而且理论上的所谓最优投资也是随着外界经济金融条件而动态变化的。同时，行为金融学许多文献也发现管理者往往具有过度自信的心理特征。所以，现实的企业都是会向外扩张的，股权依赖的企业会想尽办法筹资去投资，已经不缺资金和完成目标投资的企业也会利用更多的资金去投资其他项目。

当然，增发股票筹集的资金未必全部用于实体投资，可能部分用于储蓄、分红或金融投资，本书对此也进行了实证检验。

第四章提出股价高估对上市企业投资支出的影响和影响机制的实证证据。首先对现有的实证研究结论进行梳理和分析，作为本章研究的参考和对比；然后使用中小板上市公司数据样本，基于加入企业基本面变量的托宾q值模型，以托宾q值作为代表上市企业股价高估的解释变量，并控制其他企业基本面变量，分析股价高估与中国上市企业投资支出的关系，结合第三章理论模型的假设，检验并证明两者间关系；最后检验将股价高估和上市企业投资联系在一起的股权融资机制，基本思路是检验股价高估是否促进增发，而增发企业又是否会更多地投资。基于以上实证结论，进一步对股价高估对上市企业投资支出的影响做归因分析。归因分析的基本思路是，通过对资本成本和信贷替代等因素做相关性分析和回归分析，从货币主义视角揭示股价高估对企业投资额产生影响的作用机制。

托宾q值理论认为，股价高估时企业会选择增发股票，获得新的融资后投资，即股票价格高估直接影响企业投资数量。那么，问题是企业会不会在高估时增发股票，增发收益又是否用于实际投资呢？本书综合现有研究成果提出了三个供实证检验的假说：①股价高估会影响企业实际投资支出；②股价影响投资的中间机制是股票增发；③对于股权依赖的公司，股价高估更可能带来投资的增加。三个假说的目的是考察股价高估对企业投资支出的影响是否存在、影响的具体机制以及产生原因。本书基于加入企业基本面变量和年度、行情等其他控制变量的托宾q值模型，结合使用混合OLS和固定效应回归的方法，平衡和非平衡面板等多个数据集，行情分组和企业分组等，依次检验了以上三个假说。并且，我们使用动态面板GMM和PSM方法处理了内生性问题——这一公司金融方面最为困扰的计量问题，得出了稳健的结论。此外，我们还深入考察股市行情好和差、股价高估和低估两个分组下可能出现的不同结果，根据托宾q值理论的逻辑进度，股市行情好时增发股票未必是企业真的缺少投资资金，企业股价高估相对于低估更可能增发股票进而更可能多地进行投资。检验了股价高估对投资支出的影响及其作用机制之后，本书还试图探寻机制背后的原因，辨析股价高估对投资的影响是否只是货币现象，使用融资约束或者说股权依赖作为资本成本的代理变量，使用商业信用和银行信用作为信贷能力的代理变量，考察了资本成本以及资金可得性对股价高估影响投资的交互作用。研究发现，对于资金约束严重的公司和信贷能力差的公司股价更能影响投资，也就是说股价高估带来的股权再融资是因为资本成本的权衡而做出的，而且与当前的信贷是替代关系。

第五章在以上章节证明的股价高估和上市企业投资关系的基础上，进一步研究股价高估与中国上市企业投资效率的关系。首先，简要回顾了目前对于上市公司投资效率的相关研究，然后给出主要的测算投资效率的方法，进而梳理了股价误估对投资效率的影响方面的文献，通过现有文献和定性逻辑分析，提出研究假说；然后，在验证两者关系之前，使用 Vogt 交互项法对全部样本做检验，其结果显示大部分上市企业存在投资低效率现象，进而从统计学上证明中国上市企业投资低效率具有普遍性。为了更好地区分和考察投资效率的不同情况，使用加入企业基本面变量的托宾 q 值模型，以 Richardson（2006）的残差度量模型的残差作为非效率投资额的代理变量（投资过度和不足既表明投资效率低的程度，也暗含了低效率的原因），检验股价高估与中国上市企业过度投资和投资不足的相关性，并进一步基于加入基本面变量的托宾 q 值模型，以实际 q 值与预期 q 值的差作为股价泡沫的代理变量，结合行业和年度虚拟变量等其他控制变量，对企业低效率投资做混合 OLS 和固定效应回归分析，从而判断股价泡沫作为特殊价格高估对中国上市企业投资低效率的影响，辨明股价高估（泡沫）对中国上市企业投资效率的解释程度。最后，对股价高估的低效率投资影响做归因分析。归因分析的基本思路是通过对存货变动等因素做相关性分析和回归分析，从委托代理等角度揭示股价高估对企业低效率投资产生影响的作用机制。

投资效率是与投资支出非常不同的研究领域，对于投资效率问题学术界较多地关注低效率投资问题，即资源的错位配置，数学表现为投资效率的方差较大。本书提及的投资效率概念是相对于最优投资数量而言的，是针对公司实际投资决策的分析和检验，侧重于投资高于或低于最优数量的差额，而不是指收益率等最终投资结果。专门研究投资效率的文献更多关注投资数量的最优化，这也更容易与宏观经济的固定资产投资相对应，既体现了微观企业投资效率，又能更好地反映宏观经济基础。而且，本书理论模型也更关注股价高估对管理层做出是否投资或投资多寡的影响，效率反映的是对最优投资额的偏离程度。我们首先根据理论分析，提出供实证检验的假说：④股价高估会导致过度投资，降低投资效率；⑤股价高估是中国企业投资低效率的主要成因之一；⑥过度投资越严重的企业，股价高估对投资效率的负面作用越显著，并主要表现为存货增多。三个假说的目的是考察股价高估对企业投资效率的影响是否存在、股价高估（泡沫）对投资效率的解释程度以及股价高估导致低效率的原因。假说提出后，设计实证方程，选择变量，给出描述性统计；进而使用混合 OLS、固定效应等多种计量技术做回归分析检验假说。因为中国企业的低效率问题、产能过剩问题严重，我们还专门检验了股价大幅偏离基本面的泡沫对于低效率的影响。作为稳健性检验，使用动态面板的 GMM 方法处理内生性。最后，我们参考信息不对称理论、委托代理理论等做股价高估的投资效率归因分析，研究发现，增加存货既是股价高估影响投资效率的表现又是原因；过度投资的冲动，例如增发和投资过程中的信息不对称，机构投资者的投机性短期持股，企业管理者的过度自信等，是股价高估导致过度投资的原因。

第六章是本书的结论部分，根据前文研究提出相应的政策建议，指出本研究的不足以及对进一步研究的展望。本书最主要的结论是，股价高估会通过各种机制增大资本品投资，而这种投资可能恰恰是无效率的过度投资。其理论意义在于，托宾 q 值理论虽经得住中国经验的检验，但是带来的投资效率问题值得进一步从理论上重视；而现实意义是股价偏离基本面会影响企业投资支出和效率，为分析股市对宏观经济的作用机制提供了一个微观基础。

本书可能的创新体现在以下四点：第一，把企业投资效率问题纳入托宾 q 值理论的检验视野。我们检验了托宾 q 值理论的中国实用性，相比已有的矛盾观点，本书坚持了托宾 q 值理论，但是一个不同或者说本书的一个理论发展是，股价高估造成投资增多的重要原因，不仅是股权依赖，而且是过度投资的冲动。过度投资的冲动促进了金融向实体经济的转化，这一点是其进步力量，然而该现象本身又是低效率的表现，这也成了股价高估对投资影响的又一个权衡。发现和检验其中的作用机制，找出企业最优的投资路径，以及改善政府定向调控的着力点，是本书的核心要义。第二，探究了股价高估影响企业投资的具体机制。托宾 q 值理论认为，增发股票是股价高估影响投资的中间变量，我们对此进行了检验，判断是否真的会在股价高估时增发，而增发收益又是否用于实体投资。而且，对于企业投资效率问题，我们还专门检验了严重偏离基本面的股价泡沫对企业低效率投资的影响，以此判断股价高估是否是低效率投资的成因之一。而且，我们在分析中综合了融资约束等多个视角，固定效应和混合 OLS 等多个方法，平衡和非平衡面板等多个数据集，以及行情分组、动态面板等多个稳健性分析，使得结论更全面。第三，通过归因分析，找出了股价高估影响企业投资的背后根源，使研究更完整、更具实际意义。对于投资支出，我们从资本成本和信贷替代方面，判断企业增发股票是否是因为成本问题和信贷资金不足；而投资效率方面，我们从信息不对称理论、股价泡沫理论、委托代理理论出发，使用分位数回归方法，检验投资冲动导致股价高估下的过度投资这一理论预期的真实性。第四，本书基于微观层面的数据和视角，检验了股价高估对实体投资的影响，对实体经济的微观基础做出着重分析，通过联系实际释放理论研究的活力，接地气以释放市场和政府管制的活力。而且，本书选择的中小板上市公司是研究股价高估影响企业投资这一问题的绝佳的微观样本，其原因有以下四点：首先，虽然中小板企业数量相对于中国上市公司的总体数量而言较小，但是这些企业都是各行业的佼佼者，资产规模和产值较大、成长力和创新力都较强，即数量少但代表性强。其次，主板上市公司主要是国有企业，政府控制和政治关联色彩浓厚，企业行为的代表性不足，而创业板和新三板虽然都是新兴的市场力量，但是公司治理和数据披露的要求低于中小板。相比之下，中小板集中了中国一大批最优秀的民营企业和中等规模面向市场竞争的国有企业，更能代表我国企业的整体实力和微观主体的真实市场表现，更符合“市场微观主体”的定位。再次，即便不考虑企业性质的特殊性等因素，退一步讲，中小板样本也更优于其他板块，这是因为各板块、各行业虽有特殊性，但是中国股市治理制度和宏观经济背景是相同的，其代表性从计量经济学的样本选择上来看是无本质差异的，国内学者在使用上市公司样本时对于各板块和各行业的选择大都也是随机选取的，并无特别的喜好。最后，相比美国等发达经济体，中国股市波动大，企业股价高估现象严重，股权依赖、投资过度等问题也更加突出，因此中国上市公司是验证有关理论假说的较好现实素材和实证样本。

本书仍然存在几点不足，也是对未来研究的展望，希望以后的专家学者可以在这些方面做得更好，不断把研究深入推进。第一，本书的理论模型略显单薄，是在经典文献的基础上加以应用，并加入了投资效率问题的分析，虽有创新，但是原创性不足，没有对本书丰富的实证假说和机制研究以及归因研究提供统一的全面的理论框架。第二，股价高估测算上，本书使用了最为经典的测量方式，用托宾 q 值表示股价的误估，q 越大，高估越严重，q 越小表示高估越不严重（或者说低估越严重）。这种方式的好处是，它直接源自托宾 q 值理论，理论基础扎实，与经典文献可比性强。但是目前对于股价误估的测算方法越来越多，许多学者采用剥离基本面的额外波动来表示股价的误估。这种方式在检验股价泡沫对企业低效率投资的影响时使用了，其他计量上并没有使用。这也是出于避免计量结果过多、造成比较混乱的考虑。但是如果在以后的研究中专注于股价高估的某一方面的具体影响时，也许最新方法可能更精确。第三，本书的一个重要现实意义，就是对宏观股市的微观企业做了基础性分析，从微观视角看宏观经济及宏观经济政策。这是当前经济研究的重点领域之一。限于本书是重点研究微观企业实体投资的，所以没有进一步阐述其背后的宏观政策含义，今后的研究中探讨微观企业投资行为对宏观经济形势及宏观经济政策的影响，应该是很好的研究选题。

本书是在作者本人博士学位论文基础上所形成的著作。感谢李海波教授、张作岭教授、陈智文教授、王铁锋教授、张屹山教授、汪同三教授、丁志国教授、孙巍教授、董竹教授、李春艳教授、王晓杰教授、姜耀武副教授、王震教授、邢欣欣女士、孟婷婷女士等师长和朋友的大力支持和帮助。受限于本人自身水平和能力，以及资料的可得性，书中难免有不足之处，敬请广大读者批评指正！

丁　毅

2020 年 5 月

# 目　　录


前言

第一章　导论 …… 1

第一节　研究背景 …… 1
第二节　研究目的与意义 …… 8
第三节　研究内容与结构 …… 15
第四节　研究的创新之处 …… 17

第二章　文献综述 …… 20

第一节　股票价格泡沫的一般理论 …… 20
第二节　行为金融理论中的股票价格泡沫 …… 23
第三节　代理成本、信息不对称和企业投资 …… 28
第四节　股票价格误估、融资约束与上市企业投资 …… 33
第五节　文献述评 …… 40

第三章　股票价格高估影响上市企业投资的理论研究 …… 42

第一节　基于股权融资机制的理论模型 …… 42
第二节　股价高估与企业投资无关的理论解释 …… 43
第三节　投资效率的理论分析 …… 44

第四章　股价高估对上市企业投资的影响及其机制的实证分析 …… 46

第一节　研究假说 …… 46
第二节　实证研究模型和数据选择 …… 48

第三节　基础计量模型的回归分析 …… 56
第四节　股票价格高估影响上市企业投资的股权融资机制的检验 …… 62
第五节　稳健性检验 …… 71
第六节　上市企业投资支出的归因分析——融资约束和信贷替代 …… 76
第七节　本章小结 …… 79

**第五章　股价高估与中国上市企业投资效率的关系研究 …… 81**

第一节　文献回顾与研究假说 …… 82
第二节　股票价格高估对中国上市企业投资效率影响的实证分析 …… 91
第三节　股票价格泡沫对中国上市企业低效率投资的影响研究 …… 98
第四节　稳健性检验 …… 99
第五节　上市企业投资低效率的归因分析 …… 101
第六节　本章小结 …… 105

**第六章　结论、建议与展望 …… 107**

第一节　研究结论 …… 107
第二节　政策建议 …… 110
第三节　不足之处及研究展望 …… 117

参考文献 …… 119

# 第一章　导　论

## 第一节　研究背景

2015 年上半年，上证综指由 3 000 点涨到 5 000 多点，A 股开户数节节攀升，目前股民数量已超过 2 亿，上证、深证和创业板都有大幅度的上涨，股市市值已与 2014 年 GDP 总量相当。6 月份股市明显下滑后政府又出台了多项救市措施。

中国股市出现了两大特征：一是剧烈波动，二是政府干预。波动大其实不是新特征，从中国股市诞生起，赌场论就不绝于耳。吴敬琏教授曾在公开场合讲到，中国股市是没规矩的赌场，未来或酿更多悲剧。股市震荡起伏对于散户投资者而言是致命的，一夜暴富者不会轻易离场，洗劫一空者被迫出局。而且，中国人比较健忘，昨天还在懊悔不该踏入股市，今天就为蝇头小利沾沾自喜。股市震荡对于散户、企业以及宏观经济都会带来许多不利影响。中国现在已经是全球仅次于美国的第二大股票市场。然而极度波动仍然是中国股市的典型特征，基准股指在数小时内的振幅常常高达 10%。例如，2015 年 6 月的某一天，中国股市逾 7 000 亿美元市值灰飞烟灭。

中国股票市场具有较大程度的非有效性，市场投资者的非理性（即投资者股票估价背离其真实价值）在一定程度上增加了股市的泡沫。股价误估大的一个原因或者一个结果是，投资者侧重短线交易。散户投资者占到中国股市成交量的 80%～90%。其中许多人是新股民——仅在 2015 年 5 月一个月，就有 1 200 万新开账户。这意味着数百万股民对 2007—2008 年股市泡沫和崩盘只有很少的直接记忆，或者完全没有记忆。即便专业的基金公司往往也会超短线交易。许多基金公司按月或者按季衡量业绩，这增加了它们在股市上涨时追涨的压力，完全忽视基本面盲目短线套利，使得股市震动增大，震动增大则更加无法专注基本面。而且，股市的无规则涨跌给部分唯利是图的投机分子可乘之机。不合规的企业通过被券商包装上市，甚至官商勾结蒙混过关，然后利用炒作各种概念拉高股价，套利圈钱。

为此，政府往往祭起大旗，屡屡救市。然而政府救市会使得政府资金深陷泥潭，短期内进退两难，长期内无法保护市场。在 2015 年 7 月，中国政府实施了在 25 年历史中，最为强力的救市措施。就在沪市指数暴跌 19%之后，监管者叫停了新股的发行，暂停了占股票市场 40%的份额，要求国有证券公司入手股票直至沪指上升到一定水平，调动国有基金购买股权，并且承诺由央行提供无限量的支持。包括央行、发改委和证监会在内的部委纷纷发声，或拿出具体措施，协力维稳市场信心，消解市场疑虑；A 股救市升级，已经不是在救股市，而是在整体上稳定经济预期。政策宽松驱动的流动性仍将主导市场，同时大盘当前所运行的区域还是相对的底部区域，支撑力度较强，“国家队”救市资金短期难言退出，将对市场底部构成支撑。救市政策起到了明显的托底功效，但是也显著增加了股市波动，政府的买入和卖出直接引发股市的大幅震荡，救市政策何时、如何退出，也将持续带动股市的波动。

中国股市往往被称为“政策市”。这远非仅仅指货币政策，而是还涉及证券和银行业监管。官方媒体言论也占一席之地，各类政府报纸发表的支持性信息就体现了这一点。但对中国政府的声明往往会有各种解读，在数百万投资者努力一窥玄机时，导致股市暴涨暴跌。只要股市依然是中国政府的政策工具、同时股指依然由国有企业主导，中国政府的强力干预就不太可能被大幅削弱。中国政府努力鼓励长期机构投资者，例如让大型外国资产管理公司或者主权财富基金更自由地进入国内股市。但这方面的进展一直非常缓慢。政府发展规划、领导言论、新闻联播、人民日报等往往是股评机构和股民关注的重点，公司基本面少有涉及。

股价误估与广大股民的个人利益、企业投资、宏观经济的货币流动性、房地产、利率和汇率等都紧密相关。股市波动的救市政策只能是权宜之计，长期根本对策是制度建设，是完善资本市场的运行机制，让市场发挥决定性作用。全面深化改革的顶层部署和系统配套部署在党的十八届三中全会上已经确定，其意义的重要性对股票市场而言是决定性的，也进一步明确了市场的中心地位不可动摇。资本市场的资源配置作用将得到进一步提升，其三位一体，即“市场化、法制化、国际化”的发展方向也进一步明确，未来资本市场乃至中国的整个金融体系将在这样的高目标下实现质的飞跃。市场法治亦将成为中国资本市场发展完善过程中不可或缺的要件和重点建设内容，法治的市场才有不断发展强大的基础。实体经济中，企业生产的产品如果过多，则会出现销售不畅，或者积压、亏损，然而在A股新发行的股票永远是热门金融产品，审核一家畅销一家，显然不是市场起决定性作用的股市。如果没有合理地界定政府与市场、政府与社会的边界，没有处理好发展的逻辑和技术治理的逻辑，没有让一些有利于创新的因素出来，比如民营经济，中国经济一路走好的愿景是非常困难的。例如IPO注册制就是一个长期稳定股市的重要机制。不该把注册制和市场波动更多地联系起来，因为中国股市是资金推动型的形态，这个形态短时间内并不会得到改变，注册制和其关系并不那么紧密。长远来讲，注册制是有利于市场稳定的，因为上市公司的质量更高了。

中国股市大幅波动和政府救市是本书的一个大背景。而与股市波动相关更值得关注的是另一个大背景是：股市与宏观经济的背离。

当前中国宏观经济形势严峻，统计数据增速放缓，而克强指数的增速更低。克强指数被认为是挤掉了统计数字的水分，比GDP更能客观反映中国经济的现实状况。对比统计数据，克强指数下降更加显著，显示当前经济形势严峻。2015年一季度中国经济同比增长7%，克强指数也由2013年第三季度的11%持续降至1%，如图1-1所示。其中，一季度全国铁路货运量8.7亿吨，同比下降9.4%，其绝对数量回到2010年同期水平；全社会用电量累计12 901亿千瓦时，同比增长仅0.8%，这一增速比上年同期回落4.6个百分点，同时创下5年来新低；信贷数据方面，一季度人民币贷款增加3.68万亿元，同比多增6 018亿元。中国电力联合会发布的《2015年1—6月份电力工业运行简况》显示，上半年，全国全社会用电量同比增长1.3%，是自1980年以来的最低增速。其中，6月份全社会用电量同比增长1.8%，继4月份用电量增速转正之后，连续第三个月保持增长，推动上半年用电量同比增长1.3%。专家分析认为，用电量数据是经济的晴雨表，“十三五”我国用电量将维持中速增长，全社会用电量增速超过6%的情况将成为历史，未来10年用电量增速将维持在3%～5%的中速增长。

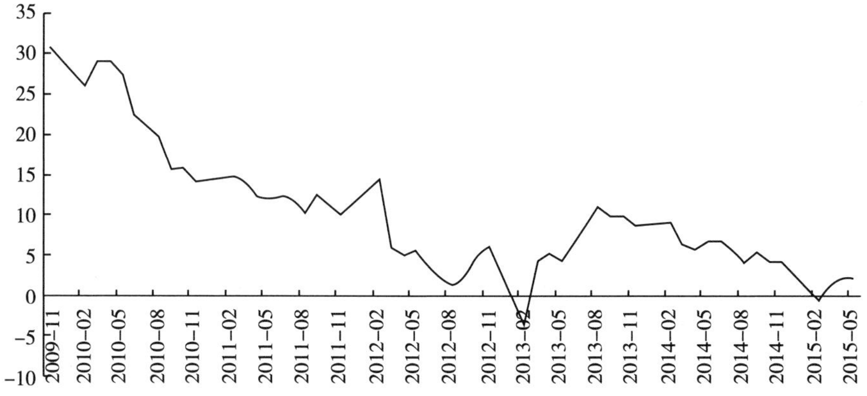


图 1－1　克强指数的近年走势

注：克强指数＝工业用电量增速×40%＋中长期贷款余额增速×35%＋铁路货运量增速×25%。

现在工业需求持续低迷，企业利润转负，亏损数增加，投资需求收缩，特别是民间投资增速下滑的速度快于总投资增速下滑速度。尽管政府要“保7”，要刺激经济，但是现在出现了“三难”，财政部的钱发下去用不出去，银行的钱贷不出去，民营企业需要得到审批的手续现在做不出去。1—6 月，全国规模以上工业企业实现利润总额 28 441.8 亿元，同比下降 0.7%，降幅比 1—5 月收窄 0.1 个百分点。7 月财新中国制造业采购经理人指数初值为 48.2%，较 2015 年 6 月终值下降 1.2%，同时低于市场 49.7%的预期。虽然 6 月数据显示经济出现企稳势头，但财新 PMI 再度显著下挫显示经济下行压力依然存在。

股市与宏观经济背离，那么我们保持股市的虚假繁荣干什么？股市真的不能影响实体经济吗？有证据表明，股市和新兴金融市场挤压了实体经济。一是流动性被股市和新型金融业态挤占。中国人民银行数据显示，2015 年 4—5 月国内居民存款减少近 1.5 万亿元，而非银行业金融机构存款增加达到 1.9 万亿元。2015 年 7 月，中国人民银行就《非银行支付机构网络支付业务管理办法（征求意见稿）》向社会公开征求意见。“意见稿”第二十八条规定，支付机构采用不包括数字证书、电子签名在内的两类含以上要素进行验证的交易，单个客户所有支付账户单日累计金额应不超过 5 000 元。央行此次为互联网支付、网络借贷、股权众筹等划定了限定规矩。二是金融系统的资金不能畅通地流向实体经济。中国已出现流动性陷阱迹象：一方面，经济不断下滑；另一方面，短端利率已降至最低水平附近，银行间隔夜回购利率降至1%左右，而短端利率的下降无法传导到长端利率和贷款利率，降准降息的边际效应正在递减。由于短端利率向长端利率传导的机制并不顺畅；同时货币市场、债券市场和信贷市场的割裂，阻碍了利率的传导；并且信贷市场长期存在结构性问题，投放很不均衡，造成结构性的流动性陷阱，因此和欧美国家曾经出现过的流动性陷阱相比，中国面临的结构性流动性陷阱问题更严重。

中国金融市场已经进入了“流动性陷阱”状态，但与凯恩斯所说的经典流动性陷阱状况有所差距。凯恩斯认为，流动性陷阱是利率降到一定程度，企业不再增加投资，居民不再增加消费的现象。一方面，央行频繁降息而投资消费未有明显反应，显示步入流动性陷阱；另一方面，我国实际利率并没有如预期般大幅下降，基准利率浮动区间也没有用足，这表明陷阱的根由是利率传导机制出现问题。理顺传导机制，让市场利率如期下降，市场投资和消费自然会增多，也就不存在所谓的“流动性陷阱”了。然而，目前的状况是，金融系统落入流动性陷阱，传统货币政策传导机制不畅。当前，通过货币政策调控促进宏观经济复苏碰到了障碍，降准释放的资金在金融同业市场徘徊，但很难进入实体企业，使得金融市场流动性过剩，同业拆借利率保持低位，而实体企业资金供给不足，中小企业融资利率没有根本性缓解。对股市，由于人们投资、消费意愿低，分子（经济）和分母（风险溢价）都无法改善，陷入长期低迷。而我国的情况是，低利率和经济放缓没有导致股市低迷，反而虹吸大量流动性进入股市造成大起大落的虚假繁荣，同时股市的IPO和增发配股等没有引致实体经济的实际或有效投资，实体经济和股市走向发生背离。

事实上，降准之后，商业银行的实际准备金率并没有下降趋势，只是从法定存款准备金变成超额存款准备金。目前的矛盾在于宽货币难以传导到宽信贷。正如上文所述，当前，通过货币政策调控促进宏观经济复苏碰到了障碍，降准释放的资金在金融同业市场徘徊，但很难进入实体企业，使得金融市场流动性过剩，同业拆借利率保持低位，而实体企业资金供给不足，中小企业融资利率没有根本性缓解。目前金融机构不缺“短钱”，但是缺“长钱”，也就是说流动性的总量也许没问题，但流动性的结构却出了问题。5月非金融企业贷款发放不力，长债收益率居高不下，正是金融机构期限错配问题加剧的集中表现。央行在6月末开展1 300亿元为期6个月的MLF操作，这是央行首次开展为期6个月的MLF操作，此前MLF的期限均为3个月。此外，尽管资金期限拉长，但利率反倒更低，从此前的3.5%降至3.35%。

以银行为核心的信贷投放机制存在结构性问题。受我国经济体制和风险溢价因素影响，银行信贷投放偏重大型国有企业，中小微企业占有的信贷资源很少，导致中小微企业议价能力较低，融资成本居高不下。一方面，宏观经济增长乏力，去产能缓慢，企业融资需求不足，信贷风险上升，银行贷款投放动力不足；另一方面，伴随降息而来的利率市场化，提高存款利率上浮空间，在银行负债端冲抵了降息效果，提高了银行负债成本，制约了贷款利率的下行。与此同时，银行不良贷款率节节攀升。截至6月末，银行业金融机构不良贷款余额为1.8万亿元，同比增长35.7%，比年初增加3 222亿元，已达上年全年增量的1.25倍；不良贷款率1.82%，较年初上升0.22个百分点。我国商业银行不良贷款余额已连续14个季度上升。不良贷款余额上升，原因在于经济下行压力、利率市场化进程再次提速和金融脱媒持续深入等多重因素影响。由于产业结构调整带来的区域性、行业性信用风险暴露，下半年我国商业银行信贷资产质量向下迁徙的压力将会持续存在。

简言之，市场上的流动性要么被股市和新兴金融机构吸收，要么在银行存着不能有效贷出。那么，金融的发展如何服务实体经济呢？麦金农等经济学家很早就提出了金融抑制理论，这一理论的研究对象即为发展中国家。其主要成就是给出了发展中国经济增长无法得到金融体系支持的抑制性原因。金融系统的成长与实体经济的壮大维持相互促进的关系，互为动力。凯恩斯主义以及传统的货币理论不能完全解释发展中国家的经济现实问题，而且应用这些理论指导实践，政府往往是落后于经济发展而行动的。因此，麦金农等学者从发展中国家的实际情况出发，详细地讨论了以上二者的关系。其研究发现，对于发展中国家而言，金融抑制是经济发展缺少金融支持的主要原因，并认为投资、产出将随货币余额的实际增长而提高，而货币余额实际值与利率水平呈正相关，这样的相关性在私有领域将更加明显，从而使政府可以更及时地对经济发展变化情况做出及时的政策反应。

经济成长和经济发展过程中，金融变量与金融制度的性质并非中性。政府的经济决策和政策权衡决定了金融因素是发挥正向作用，还是反向作用。在此，本书不去研究金融如何抑制或如何促进经济增长，也不去评价金融抑制理论的有效性，而是对金融发展并非一定促进实体经济的现象加以讨论，金融的繁荣不一定是好的经济增长，也可能是金融危机和经济危机的前兆。与大多数人包括经济学家在内，一味鼓励金融做大做强不同，还是有很多文献研究以及实施案例表明，金融与实体经济的关系是微妙的，并非显而易见的线性促进关系。本书关注的正是金融与实体经济关系的一个方面，是股价误估对投资的影响。投资是“三驾马车”之一，在中国更是最为关键的经济长期发展的决定因素。也就是说，本书专注于金融中的股市和实体经济中的投资这两个关键变量，对于理解中国金融发展、股市繁荣、投资、宏观经济等具有桥梁性的作用，把股市和投资，或者往大一点说是金融和实体经济之间的桥梁关系阐释清楚，把虚拟经济和现实经济放到一个平台上考量。

需要特别指出的是，我国股市波动的微观表现是上市企业的股价偏离基本面，存在股价误估现象，而这种误估又主要表现为高估。一方面，从现实来看，中国上市企业股价存在事实上的高估问题，我国中小板上市公司在近十年的托宾 q 值均值为 2.372，总体平均而言有明显的高估。同时，在 A 股和 H 股上市的相同公司，A 股价格也普遍高于 H 股。另一方面，从理论分析来看，现有文献更多地侧重股价高估时的再融资、投资等问题。经典的托宾 q 值理论则使用 q 值的大小表示股价高估程度。本书也采用这一做法。这样既可以与大多数文献保持一致性和可比性，又可以贴近中国上市企业股价大都高估的现实。需要说明的是，文献中股价波动、股价误估以及股价高估具有相似的含义，都可以表示企业个体的股价偏离情况，很多时候在文献中是混用的，只是波动更多的侧重时间上的变动程度，误估和高估则侧重对基本面的偏离。由于在理论上更多的侧重高估问题，而在指标测度上使用 q 值大小来表示，因此股价高估程度既包括了实际高估的样本，也包括那些少数存在的低估的样本，与股价误估的概念相似。也就是说，本书股价高估的分析适用于全部公司的理论分析和实证检验，并且在稳健性检验和机制分析中通过高估样本（q 大于 2）对有关结论作了强化检验。

那么，我们的问题是股价高估是否能够影响实体经济，股价涨跌只是货币现象吗？这个问题如果只是从宏观经济的投资、消费和进出口以及 M2、利率和汇率等宏观指标上已经难以辨别其相关性，更加难以确定因果关系，更不用说内在的作用机理了。鉴于股市波动以及宏观经济不景气两大问题的重要性，阐述二者关系自然重要且紧迫，但又不能从宏观经济上近似武断地做出各种判断。为此，本书选择从微观主体入手洞察内在的微观作用机制。个体企业对于自身股价高估的反应自然是最为敏感的，也是最为客观的。西方经济学最基本的理念就是个体最了解自己，可以作出对自己最有利的经济决策。如果企业个体层面的反应观察清楚了，自然就可以全面了解股市对宏观经济的影响了。大数据应用成功案例告诉我们，只有定位微观个体，才能精准营销，精准投资，精准制定政策。宏观经济的投资可以分解为一个个微观企业的投资，是一个个独立的经理人个体基于各自企业的实际情况在分析一个个可能的投资机会后作出的投资决策的总和。本书关注企业在不同的股价高估程度条件下，对是否投资或投资多少的决策差异，在此基础上进一步讨论有关投资结果的效率如何，表现为对其自身最优投资值的偏离程度，高于理论上的拟合值为过度投资，低于拟合值则为投资不足。也就是说，本书主要研究股价高估程度对投资数量和投资效率的影响。

## 第二节　研究目的与意义

### 一、研究目的

本书的主要目的是测算股价高估对企业投资行为的影响，投资数额的变动及投资效率的升降。股价高估的宏观分析很多，其与宏观经济指标的变动关系研究也很多，但是都是定性分析，并且缺少研究定论。没有人能说清楚股价高估到底是何种指标的多大程度的影响，因为宏观经济指标交叉混杂，政治经济、国内国外、经济社会各种因素都可能对股市价格产生影响，并同时对其他相关指标产生反向影响，这样的话大家都能说出很多股市的影响因素，但又都无法确定这些因素孰重孰轻。而本书的一个主要目的就是准确测算股价高估对投资的影响，方向很明确，是股价对投资的影响，而不是相反，更不是繁杂的其他因素的各类影响。同时，这一影响的测算首先是测明作用方向，是正向影响还是负向影响。而且，更进一步的是，我们在测算对投资多少影响的基础上，进而测算了对投资效率的影响。投资多少固然重要，股市影响投资支出当然是很重要的内容，但是这些投资的效率也很重要。新增投资是盲目的吗？是过度的吗？是无效率的吗？这些问题的答案更加重要。因此，本书的目的是测算股价高估对投资的影响，首先是投资支出的多少，进而是投资效率的高低。

本书的另一个研究目的是从微观企业角度探究金融对实体经济的影响，并检验可能的机制或路径。金融对实体经济的影响在理论上存在很多争议，实证文献也有分歧，而且在中国金融服务实体经济的政策导向一直没有很好地发挥作用。如何评价金融对实体经济的作用，选择股市对投资的影响是很好的视角。更重要的是，我们选择了微观企业的层面去实证检验，在精度上大幅提升，而且在政府政策和企业决策方面都会有实际参考价值。此外，我们不仅分析了金融对实体经济的作用方向和大小，而且试图探究可能的机制和路径。例如，在股价高估影响投资多寡方面，我们使用资金成本和信贷替代来检验是否是因为资金价格的原因导致了股票高估公司增发股票进而去实际投资，而在股价高估影响投资效率方面，我们使用存货指标来检验是否是新增投资是过度的，只是增加了存货，使得产能过剩。

## 二、理论意义

本书研究的主要理论意义是检验了托宾 q 值理论的中国实用性。托宾 q 值理论是当代公司金融的核心理论之一，其核心观点是股价围绕公司基本价值上下波动，股价高估的公司股市融资成本低所以会增发股票，扩大投资。然而，这一理论受到了很多攻击。很多实证文献都发现，要么股市价格不影响投资，要么股市价格对投资有负面影响。本书在理论上的主要支撑就是托宾 q 值理论，可以说本书是托宾 q 值理论的中国样本的检验。而本书在理论上印证的不仅是托宾 q 值理论，而且包括了再融资理论、啄序理论、投资择时理论等，这些都是通过路径机制的研究来体现的。除此之外，我们在理论上更进了一步，把投资效率理论和托宾 q 值理论放在一起考虑，不仅是物理上的放在一起做计量，而且在理论模型上也试图打通二者的理论关联。我们认为，股价高估导致投资增多的一个原因就是过度投资的冲动，投资低效率的一个原因是股价高估，投资低效率是股价高估企业的投资结果。

同时，本书从微观企业层面完成关于固定资产投资问题的实证检验。当前宏观政策与微观行为存在较多有价值的研究空间，如政策评估、企业行为的解释及处理、政策制定依据等。在今后相关研究中可更注重直接从微观行为到宏观政策的研究，自下而上地展开研究，以推动新政策的制定。研究宏观经济的微观基础具有重要的理论意义。

此外，我们对金融是抑制还是促进实体经济的发展提供了一些微观检验。金融抑制经济发展的理论与股市促进增长的文献都是存在的，没有共识。“金融抑制”对发展中国家经济增长的负面影响一直是金融发展理论研究者所强调的，这一理论认识在经济发展和金融实践中被不断冲击，表现为极力摆脱“金融抑制”的发展中国家反而遭遇过度的金融化和透支性的经济快速发展，并最终以反复的金融危机和经济失衡收场。同时，股票市场的发展显著促进了宏观经济效率（Holmström 和 Tirole，1993），大量文献提供了股市收益推动公司实际投资的时间序列或截面上的证据（Fama，1981；Barro，1990；Morck 等，1990），Hau 和 Lai（2013）证明在 2007—2009 年经济危机期间，股价的低估对于实体投资和就业的负面影响。Polk 和 Sapienza（2009）证明，具有更高的研发投入的公司，对于股价波动更敏感性地做出投资决策。Goyal 和 Yamada（2004）把托宾 q 值分解为公司具体和非基本面的两类成分，作者发现二者的高估都显著提高了投资，并且后者作用更大。两类争议文献基础上，有一点共识是存在的，即股市大幅振荡不利于经济的长期稳健发展。首先，大量资金进入股市，挤占了企业投资资金和居民消费资金，造成实体经济投资不足、消费需求缩减，实体经济增长受到较大阻碍；大量个人投资者将此轮股市行情视作暴富的机会，借钱炒股、辞职炒股等异常现象屡见不鲜，投机气氛十分浓厚，不利于实体经济的长期稳健发展。其次，大量信贷、理财资金流入股市，股市杠杆率激增，银行资金存在较大风险，坏账率加大，易诱发严重的金融风险。

## 三、现实意义

与西方发达国家相比，市盈率高，股价波动大，换手率高是我国证券市场的显著特点。大幅波动的特征既是我国股市成长的见证，也羁绊着其成长。胡若痴（2014）的研究证明，宏观经济随资产价格的剧烈波动而波动的现象愈加明显。因此，对我国证券市场股价高估开展研究非常具有实践意义。

本书的一个现实意义是洞察了新常态下股市与宏观经济的背离。新常态和新阶段表现得比较显著的特征是中国的经济结构出现了比较大的分化，尤其是实体经济和虚拟经济的分化。特别是在实体经济低迷条件下，我们的股市在房地产的回落过程中出现了股市的“泡沫”。尽管现在出现了比较明显的下滑，但是过去一段时间，的确出现了一个背离实体经济的上扬。泡沫与萧条并存。股市泡沫、地方债高企，GDP、PPI、克强指数等指标下滑。政治经济环境的变异导致传统宏观调控政策的传递机制发生变异，传统的宏观经济政策失灵问题十分严重。实际上中小企业想贷没有钱，还有一些企业有能力贷款但却没有意愿去贷款。所以说股市实际上进入了内生性是比较明显的。

中国经济的新常态，进入了一个新阶段，伴随着外需的低迷，投资大幅度下滑，而且还有周期性的作用。GDP增速在总体回落中出现了部分区域“塌方式”的下滑。第三产业引领下总供给持续疲软，工业领域的萧条已经进入一个新阶段。特别是规模以上企业的增速下滑比较明显。国内宏观经济指数在持续回落，而且多数处于比较低迷的状态，特别是克强指数出现了回落，像发电量、运输货运量都出现了明显的回落。同时，通货紧缩尚未解决的情况下，政府、企业、居民的债务继续攀高的老问题，使局部风险演变为系统性风险的概率快速提高，宏观经济复苏的前景亦被笼罩在未知的阴霾中。金融繁荣，实体经济却不景气。由于实体经济的贷款需求以及商业银行的惜贷，导致稳健的货币政策不稳健，货币条件指数紧缩，金融对实体经济的渗透性大幅度下降。那么，金融波动对实际投资到底有何影响呢？这是本书关注的核心问题。

一方面股市波动上涨，一方面企业投资下滑，这个背离产生了很多负面影响。股市和楼市看涨情况下，居民往往挪用储蓄来投资而非消费，消费无法稳健上涨。同时投资于资本市场的这些资金，又难以产生实际的生产力，只是在虚拟经济内空转、出泡沫，是零和游戏，早进入股市的或者提早止盈退出的赚了，而沉溺其中的都是受损者，这只是一场混乱的财富再分配过程。不论是央行增发的货币，还是国际资本，还是国内的机构和散户，如果只是脱离上市公司基本面的击鼓传花，不但不能促进经济发展，而且还会带来受损群体引发的社会动荡，并埋下经济危机的隐患。事实上，通过对上市公司的大众持股，大众能真正享受国家经济的发展成果，大众持股是较好的现象。而一旦散户绑架了政府，政府深度参与其中，股市只能涨不能跌，那么股票交易市场将不再是市场，因为只有买没有卖就不再是交易。事实上，A股暴跌导致的金融业增速回落以及进口回暖导致的贸易盈余下降，都将对GDP增速产生拖累。散户的高涨热情一波波地推高，股市下跌的社会舆论和社会不安因素在慢慢累积。

另一个现实意义是发挥企业投资的自发性，让市场起决定作用。金融领域的市场化改革主要表现在利率、汇率和股市。利率方面，党的十八届三中全会提出市场在资源配置中起决定性作用，我国利率市场化的进程也随之提速。央行自2014年11月起已五度降息和四度降准（截至2015年9月6日），并扩大存款利率的浮动区间上限至基准利率的1.5倍。同时，作为利率市场化保障措施之一的存款保险制度于2015年5月正式推行。而且，6月24日，在国务院常务会议审议通过了“取消存贷比”的决定。考虑到目前贷款利率已经完全放开，金融机构可以在贷款基准利率的基础上自由浮动，存款利率浮动区间上限为基准利率的1.5倍，以及央行不再公布五年期定期存款基准利率，加上市场化大额存单的推出，这意味着金融机构的自主定价空间进一步拓宽，利率市场化进程有实质性的提速。此后，存款利率市场化只剩下小额存款利率上限取消这最后一步。

而汇率市场化方面，随着中国企业对外投资增多、贸易增多，人民币国际化不断加速。以对外投资为例，2003年，中国对外直接投资总额只有29亿美元，2013年达到1 078亿美元，十年间增长37倍。2014年中国对外投资1 400亿美元，对外投资快于吸收外资，已成资本净输出国，并将日本甩在身后，跻身全球第三大外资提供国，同时，第一次成为亚洲最大的海外投资国。如此变化的原因有两点：第一，从计价、清算和交易的便利出发，中国在货币互换交易方面加强了与其他国家的合作，这也降低了中国的海外投资成本。第二，通过提高贸易和投资的规模，中国主动开拓了外部市场对人民币的接纳意愿，同时奠定了离岸市场的发展基础。海外离岸市场对人民币的助推作用不可小觑，人民币在世界范围内的流动有赖于此。比如，数据显示，至2013年底大陆企业由香港银行借得、投资和使用于海外市场的资金高达近9 000亿元，相当于其从大陆银行取得贷款的近三成。至于汇率价格，随着人民币汇率双向浮动常态化，人民币贬值就成为新的可能。2015年初至3月上旬，人民币即期汇率呈现明显的贬值趋势；3月中旬至4月下旬，人民币震荡升值；4月下旬至7月中旬，人民币汇率波动趋于稳定；8月出现大幅贬值。境外CNH价格走势和境内价格基本一致，总体呈贬值趋势。自8月11日起，中国人民银行将致力于人民币兑美元汇率中间价报价的完善，旨在提高该中间价的基准性以及市场化水平，这也意味着人民币汇率市场化改革将被提速推进，市场供求因素的重要性亦将得到尽最大可能的考虑。

然而，在利率和汇率市场化取得大幅度进展时，股市市场化改革却迟迟不动，甚至在后退。IPO注册制改革一再推迟，就在2015年IPO注册制、新三板转板等措施即将取得实质进展时，救市措施又不得不使之偃旗息鼓。中国改革往往面临与短期经济增长的权衡。短期经济不景气需要政府强力干预，或者经济发展太顺利导致从宏观政策到微观企业都缺乏动力去变革。经济好的时候没有动力，经济差的时候往往又为了保增长搁置改革。前几年，我国重发展轻改革、重政策调整轻制度创新。这一点在股市上表现尤为明显，股市经常性的、长期性的暂停IPO就是例证。强化政府的公共服务职能同时淡化政府在经济建设中的角色及其对经济运行的行政干预是转化政府职能的根本任务，这一基本工作却无法与救市的紧迫相提并论，其在2015年7—8月间的表现着实唤起了人们心中对政府举旗干预、挥棒指挥、发号施令的传统印象。重发展轻改革时有发生也是权宜之计，但市场化的改革总是要曲折向前的，要限制行政权，保障民生权来改良政治环境与政治组织。当前政府救市一个负面效果是个人和机构在怀疑政府的改革决心，企业在担忧产权保护程度，国外机构的怀疑更加强烈，将中国A股纳入MSCI新兴市场指数的时间表延后，人民币纳入IMF特别提款权（SDR）篮子也被否决，许多发达国家对中国市场经济地位更加不认可。因此，中国股市的道路只有一条，就是市场化。政府的一切干预都是暂时的，都是权宜之计，都是为了更好地可控地走上市场化。那么，只有真正透彻地研究微观主体——上市公司——对股价的投资反应，才能发现和正确引导市场化道路。如果对于微观主体如何行动都不知道，一切的政策、一切的变革都是脱离实际的纸上谈兵。在利率和汇率市场化快速推进的同时，我们有理由相信，中国上市公司、证券交易所和监管部门也正在适应市场、摸索市场、走向市场。

第三个现实意义是提升中国企业的投资效率和创新力，越过中等收入陷阱，走向小康社会和中等发达国家之列。“中等收入陷阱”，指的是发展中国家人均收入达到 3 000 美元后，面对经济发展窘境，一方面可能遭遇经济发展零和游戏困境，抑或可能经历近似停滞的经济慢增长而逐渐远离成为高收入国家的可能。陷入中等收入陷阱的实例不胜枚举，中东国家如此，拉美国家亦然。根据世界银行的标准，中等收入是指人均收入在 1 000～12 000 美元之间，我国 2014 年接近 8 000 美元，已处于中等偏上的发展阶段。对于如何跨越“中等收入陷阱”，学界和社会上持续热议。

发展经济学的收敛理论可以简单解释一国发展速度的前高后低直至停滞的现象。绝对收敛认为，收敛是无条件的，穷国比富国发展更快。条件收敛则认为，各国都有一个均衡发展水平，离本国均衡水平差距越大的国家发展越快。在理论上，收敛是很多增长模型的自然推论，比如在索罗模型中，收敛是源于资本边际收益的递减：富国资本积累水平高，因而边际收益低，而逐利的资本会向边际收益高的地区流动，直至各地区资本积累水平和边际收益趋同。拉美等多数国家进入了中等收入陷阱，而日韩等少数国家却成功步入高收入国家。究其原因，主要在于技术创新和收入分配两个方面。一方面，人口红利消失而技术革新没有跟上。处在中等收入水平的国家由于工资水平已较高，无法与低收入国家在低技术产品上竞争，而由于技术与发达国家比仍然落后，又无法与高收入国家在高技术产品上竞争，结果处在了一个进退维谷的状态。另一方面，分配不平等对经济增长造成显著的负面影响。收入不平等抑制了一国经济中的消费需求，导致内需不足，阻碍经济发展。同时，不平等也导致社会政治不稳定，从而影响投资。据测算，20 世纪 70—80 年代进入中等收入水平的国家中，跨越和陷入中等收入陷阱的两类国家的基尼系数均值分别是 0.33 和 0.47。

在全球近百个中等收入的经济体中，只有极个别国家成功跨越了这个“陷阱”，最终成为高收入国家。面对现实和挑战，如何解决可能出现“中等收入陷阱”的困境是实现“中国梦”途中必须思考的问题。创业和创新、培育经济增长新动能将是有效的解决路径，有利于实现2020年人均收入倍增计划。这其中，鼓励企业自发投资，提高企业投资效率自然是决定成败的关键因素之一。

总之，本书的现实意义是促进我国上市企业选择恰当的投资时机，调查我国宏观投资波动与股市关系的微观基础，为企业投资效率提升找到一个路径，为股市市场化改革和中国越过中等收入陷阱提供政策参考。

## 第三节　研究内容与结构

本书由6个部分组成，按照股票价格高估影响上市企业投资的理论模型的提出、理论假设的实证检验和影响关系的归因分析、股票价格高估影响上市企业投资效率的理论假设的提出、实证检验、归因分析的基本思路展开。

第一章为导论，主要介绍研究的背景和意义、主要内容、结构安排及研究的创新之处。

第二章为相关的国内、外文献评述。主要回顾了股票价格误估和企业投资决策这两个领域的基本理论，包括理性泡沫理论、行为金融学泡沫理论、托宾q值理论、信息不对称理论、委托代理理论、市场择时理论以及融资约束理论，并且也梳理了研究股票价格误估与企业投资关系的相关理论。对现有研究如何探索和发现股票市场的过度波动特征，以及股票价格误估与企业投资的相关性进行评述，从而引出本书的研究主题，股票价格高估是否影响上市企业的投资支出，股票价格高估与上市企业投资支出是否呈正相关，这种正相关性是如何产生的，股票价格的严重误估是否导致上市企业投资的过度波动，是否影响上市企业的投资效率。最后在介绍相关文献内容的基础上，本章对现有研究做出评述，指出其研究的不足以及对本研究的启示。

第三章构建一个刻画股票价格高估通过股权融资机制影响上市企业投资的理论模型，提出股权融资机制是上市企业投资受股票价格高估影响的重要途径。不同于主流的理论模型，本书还着重阐释了股价高估对投资效率的理论影响，并与投资支出多少结合起来理解，试图在股价高估影响投资多少和投资效率两方面得到一个统一的理论模型作支撑。同时，在理论模型中提出可供检验的假设，为后续的实证研究提供理论基础。

第四章提出股票价格高估对上市企业投资的影响和影响机制的实证证据。首先对现有的实证研究结论进行梳理和分析，作为本章研究的参考和对比；然后使用中小板上市公司数据样本，基于加入企业基本面变量的托宾 q 值模型，以托宾 q 值作为代表上市企业股票价格高估的解释变量，并控制其他企业基本面变量，分析股票价格高估与中国上市企业投资支出的关系，结合第三章理论模型的假设，检验并证明两者关系；最后检验将股票价格高估和上市企业投资联系在一起的股权融资机制，基本思路是检验股价高估是否促进增发，而增发企业又是否会更多地投资。基于以上实证结论，进一步对股票价格高估对上市企业投资的影响做归因分析。归因分析的基本思路是通过对资金成本和信贷替代等因素做相关性分析和回归分析，从货币主义视角揭示股价高估对企业投资额产生影响的作用机制。

第五章在以上章节证明的股价高估和上市企业投资关系的基础上，进一步研究股价高估与中国上市企业低效率投资行为的关系。首先，简要综述上市公司投资效率的相关研究，比较上市企业投资低效率的常用测度方法，通过现有文献和定性逻辑分析，提出了研究假说；然后，在验证两者关系之前，使用 Vogt 交互项法事先检验中国上市企业是否存在投资低效率；而后，使用加入企业基本面变量的托宾 q 值模型，以 Richardson（2006）的残差度量模型的残差作为非效率投资额的代理变量，检验股价高估与中国上市企业过度投资和投资不足的相关关系，进一步基于加入基本面变量的托宾 q 值模型，以实际 q 值与预期 q 值的差作为股价泡沫的代理变量，结合行业和年度虚拟变量等其他控制变量，对企业低效率投资做混合 OLS 和固定效应回归分析，从而判断股价泡沫作为特殊价格波动对中国上市企业投资低效率的影响，辨明股价高估（泡沫）对中国上市企业投资效率的解释程度。最后，对股价高估的低效率投资影响做归因分析。归因分析的基本思路是通过对存货变动等因素做相关性分析和回归分析，从委托代理等角度揭示股价高估对企业低效率投资产生影响的作用机制。

第六章将总结以上章节研究的结论，提出相应的政策建议，指出本研究的不足以及对后续进一步研究的展望。

本书研究结构框架见图 1-2。

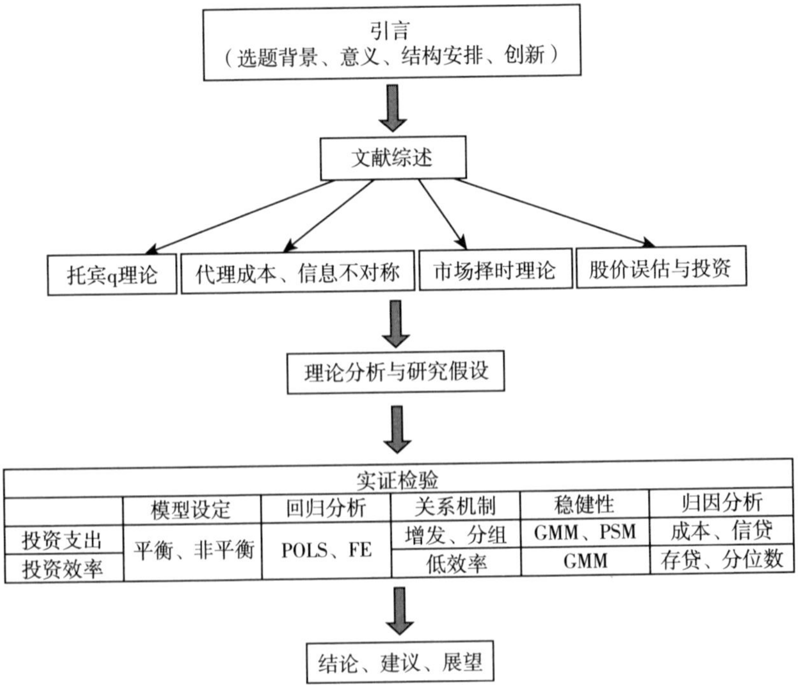


图 1-2 研究的结构框架

## 第四节 研究的创新之处

本书可能的创新体现在以下四点。

第一，把企业投资效率问题纳入托宾 q 值理论的检验视野。我们检验了托宾 q 值理论的中国实用性，相比已有的矛盾观点，本书坚持了托宾 q 值理论，但是一个不同或者说本书的一个理论发展是，股价高估造成投资增多的重要原因，不仅是股权依赖，而且是过度投资的冲动。过度投资的冲动促进了金融向实体经济的转化，这一点是其进步力量，然而该现象本身又是低效率的表现。这也成了股价高估对投资影响的又一个权衡。发现和检验其中的作用机制，找出企业最优的投资路径，以及改善政府定向调控的着力点，是本书的核心要义。

第二，探究了股价高估影响企业投资的具体机制。托宾 q 值理论认为增发股票是股价高估影响投资的中间变量，我们对此进行了检验，判断是否真的会在股价高估时增发，而增发收益又是否用于实体投资。而且，对于企业投资效率问题，我们还专门检验了严重偏离基本面的股价泡沫对企业低效率投资的影响，以此判断股价高估是否是低效率投资的成因之一。而且，我们在分析中综合了融资约束等多个视角，固定效应和混合 OLS 等多个方法，平衡和非平衡面板等多个数据集，行情分组、动态面板等多个稳健性分析，使得结论更全面。

第三，通过归因分析，找出了股价高估影响企业投资的背后根源，使研究更完整、更具意义。对于投资支出，我们从资本成本和信贷替代方面，判断企业增发股票是否是因为成本问题和信贷资金不足；而投资效率方面，我们从信息不对称理论、股价泡沫理论、委托代理理论出发，使用分位数回归方法，检验投资冲动导致股价高估下的过度投资这一理论预期的真实性。

第四，本书采用了微观层面的数据和视角检验了股价高估对实体投资的影响，对实体经济的微观基础做出着重分析，通过联系实际释放理论研究的活力，接地气以释放市场和政府管制的活力。一方面，微观基础的研究变得更加必要。微观政治时代，经济、政治和社会各领域都开始专注微观主体，经济学者理应担负起相关理论研究的重任；另一方面，微观基础研究的可行性增大。博弈论、契约理论等理论日渐成熟，大数据、微观数据的可得性增强，计量和统计技术不断提高，为经济学微观基础的研究提供了强有力的学术保障。而且，本书选择的中小板上市公司是研究股价高估影响企业投资这一问题的绝佳的微观样本，其原因有以下四点：首先，虽然中小板企业数量相对于中国上市公司的总体数量而言较小，但是这些企业都是各行业的佼佼者，资产规模和产值较大、成长力和创新力都较强，即数量少但代表性强。其次，主板上市公司主要是国有企业，政府控制和政治关联色彩浓厚，企业行为的代表性不足，而创业板和新三板虽然都是新兴的市场力量，但是公司治理和数据披露的要求低于中小板。相比之下，在中小板上市的国有企业和非国有企业数量相对均衡，市场规范性强，更符合“市场微观主体”的定位，更能真正体现企业行为。再次，即便不考虑企业性质的特殊性等因素，退一步讲，中小板样本也更优于其他，这是因为各板块、各行业虽有特殊性，但是中国股市治理制度和宏观经济背景是相同的，其代表性从计量经济学的样本选择上来看是无本质差异的，国内学者在使用上市公司样本时，对于各板块和各行业的选择大都也是随机选取的，并无特别的喜好。最后，相比美国等发达经济体，中国股市波动大，企业股份高估现象严重，股权依赖、投资过度等问题也更加突出，因此中国上市公司是验证有关理论假说的较好现实素材和实证样本。

# 第二章 文献综述

本书主要研究股价高估（误估）对企业投资的影响，着重涉及两大类文献：股票价格误估及企业投资。我们首先梳理一下股票价格泡沫的一般理论，进而综述最新研究成果的行为金融理论，然后转到企业投资的代理成本和信息不对称方面，最后详述股价误估对企业投资影响的主要文献成果。

## 第一节 股票价格泡沫的一般理论

如果股票价格与公司基本价值之间发生持续的正向背离，就可称之为泡沫。偏离得越大，泡沫也就越大。早期理论不认为泡沫会存在。费雪分离定理认为，假定有两个主观偏好不同的投资者（异质投资者），投资者的偏好差异不影响生产决策。这意味着，给定一个生产机会，可以通过不同方式获得资金。该定理也隐含了所谓的“一致原则”：在生产决策上，不同偏好的股东会形成一致的意愿。

道氏理论将股票运动趋势分为三种。第一种最基本，就是估价全面的或者广泛的下降或者上升的趋势。持续时间大于一年，总的降低升高的幅度大于两成。从投资者角度看，空头市场就是持续下降的趋势，而多头市场就是持续上升的趋势。第二种是次级趋势，又叫修正趋势，因为与第一种趋势运动方向不同，又牵制基本趋势的发展而得名。持续时间 3 个月以下，下降幅度超过第一趋势的六成，而上升的趋势则超过第一趋势的三成。第三种是短期趋势，持续时间仅有几天。三个及以上的短期趋势能够形成一个修正趋势。再从投资者角度考虑，基本趋势是长期投资者最关心的，获利方式就是多头买入，空头前卖出。修正趋势受短期投资者关注，当然更受投机者关注。短期趋势容易被人操纵，很难用来做研究分析。但修正和基本趋势基本不受人为操纵，即便是财政部门甚至是国家对其影响都极为有限。

早期关于股市泡沫的主导理论是有效市场假说。Fama（1970，1976）提出了三类有效市场假说：①弱有效：没有任何投资者能够从历史价格和收益率信息获得超额收益。②半强式：没有任何投资者能够从任何公开可得信息获得超额收益。③强势：没有任何投资者能够通过任何信息获得超额收益。如果市场是有效的，那么股价就是随机游走的。现有的大多数证据表明，市场并非强势的，至少是弱势或者半强势的。

从这种理论出发，公司价值能在股价上公平体现。投资者可以通过收集信息进行理性估价，或者是超出理性对股价造成冲击，这种冲击并不确定。如果排除意外冲击，也就是以确定的外部环境为前提，投资者可以通过努力学习、分析所获信息等正确估价公司股票，当然短期内或许会被错误信息误导，但这种错误并不能够持久。从这个意义上讲，公司内在价值确实能由股票来展现，当股票市场处于均衡状态时，所得的股票价格也是均衡的。均值回归是金融学的一个重要概念。均值回归是指股票价格无论高于或低于价值中枢（或均值）都会以很高的概率向价值中枢回归的趋势。根据这个理论，股票价格总是围绕其平均值上下波动的。一种上涨或者下跌的趋势，不管其延续的时间多长，都不能永远持续下去。

股价与其价值之间存在着一个偏差，这个偏差就是噪声。噪声在有效市场假说理论中被认为是随机项，而且均值为零。其存在的时间很短，信息的传播能很快消除噪声。而这种理论认为长期内必然存在噪声，因为金融市场的不确定和信息的不对称都是长期性的，这样偏离基础价格的股价也可能长期存在。在整个频域里，白噪声的功率谱密度有着显著的特征，即分布极为均匀，拥有相同能量的频率都是白噪声。它在计量经济学里就是常方差、零均值的稳定的序列，而且是随机的。计量模型中的随机误差项必须是白噪声，模型才有经济意义。

Miller（1977）从卖空限制的角度解释了股票价格泡沫的存在原因，他得出的结论是，如果卖空成本很高或者限制卖空，投资者对股票的预测就会产生分歧。他认为市场上的投资者对未来股票价格走势有分歧，在限制卖空或者卖空成本很高的情况下，投资者如果认为股价下跌，就不会卖空。这样的股价反映的仅仅只是乐观投资者对股市的预测，这种情况会使股票价格产生向上偏差。2001 年，Sorescu 和 Danielsen 实证研究了股票期货对卖空限制的影响，结论是股价的回落源于卖空限制，因为实证中的数据显示，20世纪80年代诞生的股票期货与股票负回报关系密切。Gilchrist等（2005）进一步提出，不同于其他市场投资者，上市公司可以通过发行新股来突破卖空限制，而且在股票发行方面公司是独家垄断的，故而股票市场的需求曲线不是一般认为的向下的斜线，上市公司可以自行设定边际收入等于边际支出的最优新股发行数量。其研究发现，公司可以利用股价脱离基本面的泡沫来发行新股，增加实际投资。

1980年，大量资金交易的Schizophrenia现象被Hellwig拿来深入研究，这种现象又被称为“精神分裂”交易，就是以理性预期为前提，交易者抛开自身交易对股价波动的影响而以均衡价格大量进行资金交易，导致令人不满的结果，因为基于私人信息的交易，并不能在完全竞争模式下，通过理性预期模型来进行完好的解决。这种现象充分证明了市场波动这一变量的功能，即公开知情者的行为。1993年Hertzel和Smith通过研究发现，非公开的发行方式能解决逆向选择问题，同时释放公司价值低估的信息给市场，非公开的效应会因为价值低估而被放大。这种逆向选择源于公司内部经理人和外部市场不对称的信息。Fama和French（1993）提出了三因素模型，在影响资产价格的Beta因素外，加入了资产的价格盈利比率（P/E）和价格与账面价值的比率（P/B）。有效市场假说理论认为股价出现泡沫的可能性不大。换种说法，公司基本价值不可能与公司股票价格保持长期的虚高或者虚低。这些泡沫会被理性套利逐渐消除。而实际情况却并非如此。最近几年，有效假说理论的不足逐渐被行为金融学所弥补，这种学说基于一般均衡模型，从投资者角度出发，解释泡沫的方式就是改变投资者预期处理方式。随后，行为金融学家通过假设非理性、引入异质性等方式对泡沫进行了极为大胆的解释。行为金融学认为决定股价形成的因素很多，比如市场资金、市场制度约束变量、企业真实价值、供求关系、企业被认可的程度等。

1980年，Flood和Garber最先对理性泡沫模型突破发展，两年后，Blanchard和Watson基于理性预期假设，也建立了一个一般均衡模型，动态地来探讨泡沫成因。理性价格泡沫的出现，是因为投资者对“自我实现”有着极为理性的预期。投资者基于这种理性预期，对未来股价上涨抱有信心，如果上涨，这种信心被强化，投资者会期待进一步上涨，如此往复，股价在投资者高昂的信心里正向偏离基础价值，泡沫随之到来。这种理论认为，投资者之所以愿意以更高的价格来购买股票，原因还是高涨的自我预期和对未来套利的信心。

2008 年，Brunnermeier 深入研究了理性、认知和信息的不对称，并以此提出了“异质性”这个关于投资者的概念。股市泡沫能透过这些异质性来得到解释。如果投资者理性预期是同质的，那么从模型生出的泡沫路径呈发散状。如果是三种异质性假设，泡沫就能够在一般条件下持续地存在。De Long 等（1990）发展了一个关于噪声交易的基本模型，这个模型对投资者进行了分类，即噪声交易者和知情交易者，进而通过对两类投资者决策行为的研究，来判断股价受到噪声影响的程度。两类交易者的信息都是不对称的，噪声交易者通常将获得的信息当做全面信息来判断公司价值，策略经常有偏差，表现主要是正反交易策略和对交易信息过度反应等。而知情交易者通常是比较理性的，类似于理性泡沫模型里的理性交易人。

企业的投资决策通常取决于企业目标，这个目标符合市场经济规律，而不遵循规律的企业通常会被市场处罚。Guenste 等（2009）研究投资者不顾股价泡沫，勇于持续投资，最后仍有明显获利。2010 年，徐寿福通过上市公司增发股票的研究得出结论，股票增发公告存在正效应，定向增发股票的收益超常近 8 个百分点，而且是在公告发布前一周出现的这种状况。史永东和王谨乐（2014）发现，机构投资者偏好财务优良、治理有效的公司，而此类公司的股票往往呈现出更低的波动性。

## 第二节　行为金融理论中的股票价格泡沫

行为金融理论是心理学和金融学交叉结合的研究成果，它分析人的心理和行为如何影响金融决策，如何左右资产定价，如何影响金融领域未来发展趋势，该理论研究人的有限理性行为特征，重点分析人的有限理性以及非理性行为对个体决策的影响。

行为金融学是针对传统金融学无法解释的一些异象的研究，主体内容包括投资者心理、行为以及有限套利。投资者心理、行为理论包括投资者的认知偏差（启发式偏差和框架效应）和行为偏差（证实偏差、时间偏好、反馈机制和羊群效应)、前景理论、心理账户、噪声交易与有限套利。

传统经济学假设人是理性的经济人。现实生活中人根本做不到真正意义上的彻底理性，人的能力是受限制的，其理性必定受到某类特定条件的约束，行为主体很难做出最优决策。有限理性包含两层含义：一是复杂而不确定的环境是经济活动中个体要经常面对的，信息缺失是一种常态；二是人的能力是有限的，受到有限理性的约束，人们往往不会追求最优效果，而是认为达到自己所满意的效果时就选择终止。有限理性还有一层含义是，在有些时候获取信息、分析信息和制定最优决策的成本太高，“经济人”只能追求次优的难得糊涂。这在博弈论中有一些解释和应用，因为复杂博弈难以在大多人脑海中推算和演绎，最优的纳什均衡解要么不存在、要么不稳定、要么太复杂算不出来、要么决策时间紧没有足够时间去判断，最终大多数人只能依据社会习俗、通用规则和惯例、自身经验来做出决策。人是非理性的，Odean（1998）的研究发现，投资者总是不停地卖出后来被证明有更好收益的股票并后悔。Odean（2001）研究发现，持有盈利股票的天数和亏损股票天数平均为 102 天和 124 天。Locke 和 Mann（1999）研究发现专业人员也类似。芝加哥商品交易所场内交易员业绩排名中，最好的交易员总是卖出亏损品种而持有获利品种。从 2001 至 2004 年，Angeletos、Labison 以及莱伯森等学者通过实证研究发现，美国投资者偏好短期贴现，而且有实际数据支撑，美国投资者的短期贴现率几乎高出长期贴现率的 9 倍。Barber 和 Odean（2000）交易频率和净收益成反比；Barber 和 Odean（2001）认为，男性更过度自信，其交易量比女性多 45%，由此导致净收益每年至少减少 2.5%，而女性为 1.7%。消除男女相互影响因素，单身男性比单身女性的交易多 67%，相对于女性，每年男性的收益降低 3.5%。

完全理性下，必然存在完全的套利，也就不可能存在股价泡沫。有限套利理论认为，投资者的套利行为受限于投资者的不理性和不完善的市场，市场价格的偏离也不能完全得到纠正。如果能找到证券替代品来进行套利，那么套利机制就能发挥作用。当然投资者会通过卖空高估价的股票，同时买进替代证券，即价格相同且价格没有被高估的证券来回避市场的风险。这是一种理想的状态，通常情况下，替代证券很难找到，也没有替代组合，因此，风险很小的对冲交易并不能在股票价格显出偏差的时候及时进行。再退一步，能够实现这种完全替代的证券几乎不存在。例如，不论条件如何，同收益的两种不同证券，按照套利投资的要求来进行完全的转化，其实并非完全替代。套利存在两大约束：一是时间约束。通常情况下，股票从偏离价格回归基本价值的时间要远远长于套利者的投资期限，因此套利者通常会在价格回归之前买入或者卖出股票等。二是资金约束。如果遇到合适的套利机会，套利者因为资金有限而不能购买一定规模的证券。对专业套利机构，普通投资者的撤资是其资金受限的主要原因。例如，基金投资者会因为以往基金业绩的滑落而选择撤资等，当然这支基金是开放型的基金。而一般套利者的资金规模受到自身信贷的影响。

噪声交易者造成证券价格偏差，套利者难以消除：如果噪声交易者不相信其所投资的证券价格会上涨，即便是这个证券的价值低于基本价值，这类交易者也会因为过度悲观而使得这种证券的价格继续下跌。这种现象是套利者必须考虑的，也是必须面对的。在价格恢复正常价格以前，套利者如果急于平仓，那么损失就不可避免。如果套利者有顾虑，那么他的套利头寸的大小就会被这种顾虑限制。同样的道理，如果噪声交易者对其持有的证券有着持续的信心，当股价上涨的时候，即便是已经高出基础价值很多，也有可能因为噪声交易者更高涨的信心而持续推高股价，这种情况也是套利者所必须考虑的。留足流动性头寸，就是套利者解决这种困境的办法。Mehra 和 Prescott（1985）发现，美国过去一个多世纪股票的收益率为 7.9%，而相对应的无风险证券的收益率仅为 1%，其中溢价为 6.9%。然而，Barber 等（2009）利用台湾市场数据研究发现，投资者交易损失每年平均 3.8%。

事实上，人们存在各种不理性的心理特征。投资者存在表征性的心理，即人们在评价某事物时，更多依据该事物和其他事物的相近程度，而不是概率。Shefrin 和 Statman（1995）研究发现，投资者认为 Fortune 上排名高的公司（比如 500 强）＝好公司＝高盈利＝高股票收益。投资者的认知存在偏差，即容易以想起的信息影响决策。决策者根据记忆程度来判断、预测事件发生的几率或者概率。Gadarowski（2001）发现股票收益和新闻报道有关。新闻报道中排位越高的股票随后两年中的表现较差。而且人们对待不了解的股票非常谨慎，更偏好自己熟悉的东西。Benartzi（2001）提出投资者存在严重的多样化不足（*under-diversified*）。人们倾向于投资本地企业。美国、英国、日本股权总投资中对国内股权投资占到 70%～90%，French 和 Poterba（1991）、Tesar 和 Werner（1995）最先发现这一现象。Strong 和 Xu（1999）发现基金经理对本土市场更乐观。甚至，投资者还存在认知失调（即不愿意自我否定或批评产生的心理纠结）、证真偏差（人们希望去寻找与他们持有观点相一致的信息，忽略与其观点不一致的信息）、保守偏差（固守既有的看法，对事件反应不足）、锚定效应（一些特定的值像锚一样制约着人们对某事件的估测，尤其是在做定量估测的时候）、处置效应（投资者总是愿意在股票亏损时继续持有，在股票盈利时急于抛出）、短视（投资者总是重视眼前的得失，而不关注未来的损益）等各类心理偏差。

Kahneman 和 Tversky（1979）提出了前景理论，和新古典经济学通过效用来对结果进行评价明显不同。前景理论是通过损益来评价决策结果；当事人对损益的评价要根据参考点而定，假设现有的财富水平作为参考点，那么，观察对象关心的就应该是相对于现有财富的损益水平，而不在意损益的绝对水平。之后出现了几个代表性的投资行为模型：①1998 年由 Vishny、Shleffer 和 Barberis 提出来的 BSV 模型。这个模型基于两种偏差，对投资者决策模型影响证券价格致使偏离市场变化效率进行了有力的解释，即表征性和保守性偏差。前者指投资者不能从总体上来把握股价特征，过分关注短期股价变化而忽略了股票长期的收益情况，即反应不足；后者是指投资者未能依据新的信息调整自己的预测而对股价过度反应。Chirinko 和 Schaller（2001）也发现，投资者会过度反应，对于过去表现良好的企业未来预期会过于乐观。Malmendie 等（2005）发现，CEO 过度自信会扭曲投资，第一它会高估投资收益，第二它会高估外部融资成本。2002 年，李心丹、傅浩、王冀宁三位学者通过实证研究，分析了我国单个投资者的“政策依赖心理”和“过度自信心理”，样本主要是某证券营业部近 8 000 个个体投资者在 1998 年 7 月至 2001 年 11 月期间的交易数据，还对个人财富的损失是否源于“过度交易”也进行了研究，结论是我国个体投资者的认知确实存在偏差。②1998 年 Daniel、Hirsheifer 和 Subramanyam 三位学者提出了 DHS 模型。这个模型对投资者进行了简单分类，幼稚型和知情型。前者对股市判断偏差较大，或自我归因导致，或过度自信导致。自我归因是低估股价的表现，而过度自信是高估股价的表现。公共信息的增多最终会纠正这种偏差，但对不能充分反映公共信息会导致长期内股票回报反转，而过度反映个人信息则会反转短期股票持续性的回报。后者的判断几乎没有偏差。③1999 年 Hong 和 Stein 提出了 HS 模型，又被称为统一理论模型。这种模型又将投资者分为“动量交易者”和“观察消息者”。动量交易者根据股价的历史数据，通过简单的函数来预测股价未来的趋势。观察消息者则完全抛开过往股价数据，根据所获信息进行未来价格的预测。基于这个分类假设，这个模型抛开了其他影响股价的因素，诸如流动性交易需要和投资者感情刺激等的影响，认为影响基本价值信息的传播能造成过度反应或者是反应不足。这个模型还认为，动量交易者之所以走向另一个过度反应的极端，是因为观察消息者对私人信息不重视，进而致使前者试图利用这个“不重视”进行套利，才导致这个结果。④羊群效应模型。羊群效应下，投资者的行为都是出于效用最大化动机的，这是一种非理性行为，来源于包括群体压力在内的情绪泛滥。关于股票市场上的羊群效应，一般认为较早的是 Avery 和 Zemsky（1998）基于 Banerjee（1992）和 Bikhchandani 等人（1992）的工作发展起来的，他们推测，即使参与人是理性的，仍然可能在信息分布不对称或者不完全的前提下，导致羊群效应。1990 年，Scharfstein 和 Stein 通过研究认为，众多投资机构会做出差异不大的投资决策，出现羊群效应，仅仅是为了机构投资者的排名。Bikhchandani 和 Sunil（2000）以及 Hirshleifer 和 Teoh（2001）给出了关于羊群效应研究的早期综述。2001 年，吴冲锋和宋军两位学者通过实证研究了我国股市的羊群效应，利用的指标是我国个股收益率的分散度。得出结论，相比于美国，我国证券市场的羊群行为更突出，而且在市场收益率走低的时候，这种行为倾向更为突出。薛宇峰（2014）发现，羊群行为在我国股市上表现极为明显，尤其是在熊市的时候，这种行为更加严重；投资者羊群行为的存在使得股价短期内表现出无基本面信息支撑的反应过度，加大了股市的波动性。羊群行为带来的趋同性买卖行为，极大影响了市场对股价的影响力度，当这种趋同性的买卖形成压力冲破市场流动性极限的时候，短期剧烈震荡的股价就随之产生，股市波动幅度也被迫增大。赵静梅等（2010）就中国股市谣言对股价的冲击进行研究发现：传谣对股市造成了显著的异常冲击；股价不会因为辟谣而快速回复；谣言无论是辟是传，都让有关股票备受关注，因而短期内，这些股票的流动性和活跃度都有大幅提升。

## 第三节 代理成本、信息不对称和企业投资

20世纪30年代，“委托代理理论”被学者Berle和Means率先提出。能提出这种理论，是因为他们通过研究看到了经营管理中的重大弊端，这种经营管理的特点就是经营者和所有者身份合一。作为契约理论以及制度经济学的重要基础，委托代理理论取得了长足的发展。委托代理关系的本质就是一方行为主体被另一方（至少一个以上）所雇佣，后者支付前者报酬并授予前者某些决策的权利，双方达成隐含的或者明示的契约。后者就是委托人，而前者就是代理人。1987年，Hart和Holmstrom基于委托代理理论，构建了委托代理模型，这个模型基本构成就是一个委托人和只从事一项工作的一个代理人，这个模型是最经典的。Bernheim和Whinston（1986）刻画了多个委托人的委托代理模型。后来，多项任务的委托代理模型又被Holmstrom和Milgrom以及Laffont和Martimort分别在1991年和2012年借助不同模型方法给出了解释。

由于委托代理关系在社会中普遍存在，因此委托代理理论经常被用于解决各种现实问题。如国有企业中，国企经理和国家、雇员和经理、经理和公司的股东、病人和医生、官员和选民、债务人和债权人等等都是代理委托的关系，代理通过两方面对投资产生影响，一是股东和经理不一致的利益，扩大企业现有的规模，缔造企业帝国，是一个经理牟利最直接的体现。因为企业规模越大，经理的收入就越高，无论是货币收益还是非货币收益，大企业的经理都远远高于小企业经理。因此，不一致的目标，使得经理偏离股东利益，过度投资，扩大企业规模，以实现自身最大利益。另外，基于自身的声誉，经理通常比较关注短期的公司利益，通常比较重视企业短期业绩，忽略长期利益，造成了投资不足的局面。此外，经理出于职位安全考虑，一些能提高公司价值但存在一定风险的投资项目会被经理忽略。

早在1937年，科斯就提出了“交易费用”这一创造性的概念，从此企业扩展边界和企业存在的原因等问题得到解释。企业契约理论研究由此而生，随后完全、不完全契约理论相继被创立。科斯认为企业本质就是契约，这个契约特点就是非标准的市场交易。1972—1983年，先后有六次重大研

究认为，对代理人进行激励和约束，途径就是设计相应的制度和契约，前提是完备的契约假定。研究学者有 Alchian 和 Demsetz、Holmstrom、Jensen 和 Meckling 以及 Cheung 等。到了 1985 年，经济学家威廉姆森创立交易费用学派，该学派主张契约的不完全性，在此前提下，寻找最能节约交易事前、事后费用的治理结构。随后 GHM 模型分别被 Grossman 和 Hart、Hart 和 Moore 以及 Hart 所创立。这个模型是综合并批判发展了科斯的交易费用概念和威廉姆森的交易费用理论得来的。这个模型作为公司治理结构中最重要的工具，能很好地分析控制权的分配对信息获取的影响，以及对激励的影响等。具体而言，是以有限理性人为前提，有预见的交易费用，缔约过程中的交易费用和执行中的交易费用，因此当事人缔结的契约无法包括全过程中产生的交易费用，契约是不完全的。缔约对方会利用当事人专用的物质和人力资本来敲竹杠，面对这种风险，任何企业的生产都会受挫。研究到这个层面，这个模型的价值开始凸显。GHM 模型认为，专用性的投资必须事前通过产权来进行配置激励，这是缔约的关键。物质资产剩余控制权决定谈判力，谈判力决定专用性投资激励，前提是非完全性投资激励。拥有这种权利的人只能是资产所有人。所以就需要给投资方配置所有权来降低敲竹杠这个风险。就是说要通过合理的产权配置来鼓励事前的专有投资，这就是我们通常所说的“产权理论”。GHM 模型认为，不完全的契约让事前最优的契约不能发挥效用，无效率的专用投资策略会被当事人采纳，因为要规避敲竹杠的风险。所以，Hart（1995）提出需要将剩余索取权交给不可或缺的一方来规避因为不完全契约造成的低效率运作模式。契约理论从完全契约和不完全契约的角度对企业的投资效率进行了阐释，完全契约下应选择最优的激励安排，不完全契约下应选择最优的产权结构。

Berle 和 Means（1932）指出，随着现代公司所有权与经营权分离，委托代理关系就应运而生，逆向选择和道德风险也随着委托代理和不对称信息而出现。Modigliani 和 Miller（1958）提出的 MM 定理认为，在无摩擦的市场环境下，企业的市场价值与其融资结构无关。Stein（2003）则认为，现实世界的摩擦使得信息和代理问题变得重要，进而使得促进信息沟通、降低代理成本的技术和体制机制变得重要。1976 年 Jensen 和 Meckling 通过研究发现代理矛盾有两类，其一是公司管理者和股东之间的，其二是股东和债权人之间的。股东和债权人之间的矛盾主要是股东希望扩大投资，债权人希望稳妥，因为经营风险是由股东和债权人共同承担的。Porta、Lopez - de - Silanes 和 Shleifer（1999）通过实证研究认定，从股权结构看，全世界的公司都受到大股东控股，驳斥了 Berle 和 Means 的观点，即小股东持股成趋势后，治理公司的重点从第一类委托—代理问题转向第二类委托—代理问题，即从关注股东与管理层的利益冲突转向控股股东与中小股东的矛盾。Jiang 等（2011）使用东亚和西欧 21 个国家 2 822 家公司的数据，实证发现投资对托宾 q 值的敏感性跟控制权—所有权偏离相关，两权偏离程度越高，公司投资对托宾 q 越不敏感。

信息不对称的概念，是说交易中的各方信息量不对等，因为他们拥有的资料不一样。通常情况下，卖家对货品的信息掌握较为全面，而买家则处于弱势地位，当然也有极个别相反的情况。信息不对称，通常会带来道德风险和逆向选择，最终造成扭曲的资源配置，严重情况下，整个市场都会崩溃。逆向选择通常发生在事前，比如说，董事会挑选的 CEO 能力太差。道德风险通常发生在事后，比如说，为了保护大股东之利益，小股东利益经常被某些董事侵害等。

不对称的信息还容易造成内部成员合谋和外部搭便车的行为。前者通常发生在委托代理关系里，代理人和监督者之间通常是监督者为代理人打掩护共同谋划利益等。后者指的就是个人行为的贡献和最终的分配结果不对等，导致个人承担自己行为的边际成本，而全体成员分享成果的局面。信息的不对称从两方面影响投资：一是 1984 年 Myers 和 Majluf 的研究，认为企业内外部对投资项目收益的信息存在不对称，内部是经营者，外部是投资者，这样外部投资者对企业证券价值估价偏低，企业融资成本因此偏高，使得经营者放弃正净现值项目，造成投资不足的局面。二是 1988 年 Narayanan 的研究，认为信息的不对称，让外部投资者获取新项目 NPV 信息难度增大，因而采用保守均价估值，这样实际 NPV 价值偏低的企业股价就被高估，该企业就会从中获利，容易形成过度投资。

再从机制角度看，从设计机制到机制运行，都会有信息传递的过程，传递效率和质量能影响机制运行的成本。所以，没有扭曲的信息，也就是真实的信息可以降低机制运行的成本。1973 年，Hurwitz 通过研究提出了“激励相容”的概念，认为要想将一项工程平稳委托给代理人，必须要了解这个代理人的努力程度和真实能力。四年后，马斯金定理由 Maskin 提出，这个定理验证了让人说实话的可执行性。Cheap Talk 常被用在科层结构中，对不确定性进行处理。而 Cheap Talk，就是说委托人从代理人那里得来的信息都是不可验证的，是“便宜”的，委托人要基于这些不可验证的信息来做决策。但决策者可以依据 Cheap Talk 模型来选择信息决定自己的行为，这也是这个模型的功能所在。

1984 年，Myers 和 Majluf 提出信息不对称理论，这种理论核心结论是，债权人和股东间不对称的信息，致使内外部融资成本产生较大的差异，外部较高的融资成本会带来融资约束，从而导致公司融资成本高，给投资带来压力。Myers 认为，如果管理者在公司项目发展需要融资时，主观认为本公司的股价在现在的市场环境中被高估，通常所选的融资方式是直接增发股票。但管理者主观认为股价偏低，就会选择间接融资，比如说贷款等方式。因此得出结论，如果一个企业增发股票，那么它传达的信息就是自己的股票价格被高估。他还认为，管理者在众多的融资方式中，面对新项目，利用盈利积累是首选，其次是贷款，最后才是增发股票这种直接的融资方式，这种理论被称为“优序融资理论”。

实质上，不论投资不足的原因如何，即不论是因为融资约束，还是因为现金流动性不足，其基础都是不对称的信息。而信息不对称理论强调的不对称是在债权人和股东间，而自由现金流假说则是代理人和委托人间的。但是两种学说的最终结论都是资本配置的低效率这一事实。Ascioglu 等（2008）实证研究证实，内部现金流对因信息不对称引发的融资约束公司的资本投资有显著影响。

代理成本在证券投资中的表现可以使用以下模型简单勾勒。假定投入是 $x$ ，企业能够通过这些投入生产出货币收益和非货币收益，供企业家/经理消费。成本函数是 $C(x)$ ，货币收益函数是 $P(x)$ ，那么货币净收益为：$B(x)=P(x)-C(x)$ 。假定 $x^{*}=\text{argmax}B(x)$ ；$B(x^{*})=1$ 。那么企业的非货币收益为：$F=B(x^{*})-B(x)=1-B(x)$ 。假定经理＝企业家，单独拥有该企业，那么其决策：

$$\max_{F,B,\lambda} U(F,B) \tag{2-1}$$

$$\text{s. t. } F+B=1$$

$$\text{FOC:}\frac{\partial U/\partial F}{\partial U/\partial B}=1$$

现在假定经理层或企业家向外部股东出售 $1-\alpha$ 的股份。现在经理的决策为：

$$\max_{F,B,\lambda} U(F,\alpha B) \tag{2-2}$$

$$\text{s. t. } F+B=1$$

$$\text{FOC:}\frac{\partial U/\partial F}{\partial U/\partial B}=\alpha<1$$

很明显，出售外部股权产生了福利损失，这就是代理成本。James 等（2000）计量代理成本的方法有两种。一是用效率损失为替代变量来表示代理成本，这种成本是因为管理者的错误决策而引起的，比如管理者疏于管理、不尽力提高收入或者是错误投资等引起的效率低廉的资本使用。这种方法先计算资产周转率，然后将有代理行为的企业效率比率与零代理成本企业的资产周转率相减，所得差额即有代理行为企业的代理成本。二是通过销售中使用的管理费用来展示，这是由管理者过度在职消费带来的损失和浪费。

信息不对称问题也可以简单模型化为：假定企业家有一个投资项目，但缺乏资金。投资成本是 $i$ ，项目成功的收益是 $R$ ，失败的回报是 0。有两种类型的项目：好和坏。好项目成功的概率是 $p$ ，那么 $pR>i$ 。坏项目的概率是 $q$ ，那么 $i>qR$ 。则 $pR>qR$ 。资本市场完全竞争，经理了解自己的项目。市场有关于项目的概率分布 $(\alpha,1-\alpha)$ ：$m=\alpha p+(1-\alpha)q$ 。

假定企业家可以通过分配收益来吸引投资者。投资者的保留收益是预期收益等于投资成本。如果投资者能够获得完全信息，那么当项目是好的，有：$p(R-R_b^G)=i$ ；如果项目是坏的，则有：$q(R-R_b^B)=i$ 。很显然，如果 $i>qR$ ，在坏项目的时候无解，即使 $i<qR$ ，$R_b^B<R_b^G$ 。如果投资者信息不对称，无论好坏，所有项目都来市场融资，那么：$m(R-R_b)=i$ 。如果 $mR<i$，无解，即使好项目也得不到足够融资；如果 $mR>i$ ，即使所有项目得到融资，但投资者只能得到平均回报，显然：$p(R-R_b)>i>q(R-R_b)$ 。即实际投资中，好项目对坏项目实行了补贴，信息不对称拉低了投资效率。

在公司投资研究当中，信息不对称和代理问题的最直接证据来自公司的多元化投资收益的争论。Lang 和 Stulz（1995）给出了较早的证据，他们发现 20 世纪 70—80 年代，美国上市公司中主营业务单一的公司和业务多元化的公司相比，存在价格高估现象；用托宾 q 值来度量公司价值，他们发现多元化公司的托宾 q 值相对较低，并且通常业绩较差的公司更愿意选择多元化策略。他们把这种现象称为“多元化折现”。李善民和朱滔（2006）通过对多元化并购公司长期并购绩效的研究发现，类似的并购并没有最大化股东价值，相反，其价值出现较大程度贬值。Fan 等（2007）研究了 2001—2005 年间中国非金融类上市公司的多元化问题，发现 73%的企业存在多元化现象。其中有两个重要结论：存在政治关联的企业（国有企业）的多元化绩效较差，而民营企业相对较好。作者认为这是地方政府在推动企业进入缺乏成长性和营利性的领域。但是，Akbulut 和 Matsusaka（2010）采用美国上市公司 1950—2006 年间发生的和多元化策略有关的 4 764 起并购事件作样本。结果发现，和大多数研究结果不同，他们的证据显示，多元化策略得到了正回报。

## 第四节　股票价格误估、融资约束与上市企业投资

公司投资，即如何最优配置企业资金。如果不考虑代理等问题，那么管理层将通过投资决策来最大化股东利益。投资的形式有很多，比如新建工厂（厂房、生产线或者整个工厂）；购买机器设备；研发投资（R&D）；雇佣等。投资当然可能面临预算约束，不得不在企业自有资金（内部）和外部资金（债务和股权等外部融资资金）之间做出选择。

关于资产价格的投资需求效应，托宾 q 值理论的影响堪称基石，该理论提出的所谓资本成本关系（Tobin，1969）将企业的市场价值与其资本的重置成本（固定资产投资）联系在一起，认为企业的资本成本对其投资产生显著影响。因此，股票市场变动与企业的投资是相互关联的，这一理论设想丰富并超越了以往理论对资本边际产出决定股票价格的认识。在 Tobin（1969）的理论突破的基础上，大量研究取得了关于股票价格变动与企业投资相关性的进一步成果，这些成果可以概括为如下方向：一是检验企业投资是否受托

宾 q 值的影响；二是股价高估是否导致公司增发股票，该增发行为是否增大实际投资；三是托宾 q 值对投资的影响是否受到融资约束的限制。

托宾 q 值是企业市场价值除以重置成本得来的。内在含义就是通过这个比值来衡量企业的市场价值，是否超过了企业现金流量的成本，如果超过，说明企业有较高的市场价值，其投入产出比较高，真正为社会创造了有益的价值；如果没有超过，也就是说托宾 q 值小于 1，说明资源被浪费了。而托宾 q 值越高，企业的市场价值就越大，企业就有投资的价值，可以通过各种渠道融资扩大生产，这样会带来更多的收益，融资方式可以发行股票，因为这种融资成本较低。如果托宾 q 值太低，说明企业重置成本过高，如果需要资金，就只有通过出售现有资产或设备的方式来获得资金，原因很简单，这种融资成本最低。由此可见，通过托宾 q 值，我们可以对企业未来的收益进行估计，这同样能影响生产、投资等。我们可以透过这个原理来分析股价，从而分析企业经营状况。如果股价上升，托宾 q 值也会上升，那么较低的重置成本会促使企业通过股票来进行融资购置新设备扩大生产，从而增加企业的产值。Baker 和 Wurgler（2002）认为股价围绕公司真实价值上下波动，管理者在公司股价高估时选择增发股票，被称为“市场择时理论”。

托宾 q 值与投资的关系有待进一步研究。托宾 q 值的本质是一种市场预期，是投资者对所投资企业的预期。一般情况下，q 值高的企业，说明投资者看好其预期收益，有较高的投资价值，反之则相反。从这个层面上看，投资和 q 值之间存在正相关关系。1990 年 Fama 和 Barro 分别通过自己的研究验证了这个理论。但是托宾 q 值创始人 Tobin 在研究这个问题的时候，其研究对象是当期的 q 值和投资间的关系。后来其他学者的研究对象是当期 q 值的变化率和投资、上一期的 q 值和投资间的关系，而且其数据样本也从单一的行业转为不同的行业，甚至是跨国公司等。Lamont 在 2000 年的研究样本很是丰富，是一个关于企业的数据集。而 Chirinko 和 Schaller（2001）则研究了日本的数据。近几年的研究结论是投资和股价误估之间的关系并不对称，而且股价误估可能对投资具有抑制作用，比如 Frankel（2008）发现，股票价格的误估是不对称的，股票价格的高估程度与低估程度相比，可能高，也可能低，后者概率更大。这种不对称造成了投资波动的不对称。

事实上，股票市场并不一直围绕基本面波动，存在大量未预知的大幅度的波动（Shiller，1981），这是因为股票市场的突然剧烈震荡不可能是因为公司基本面的瞬间变化所导致的，2007年，从3 000～6 000点的整数关口被逐一突破，最终出现新中国股票市场上最高的6 124点，到2008年暴跌至2 000点，而这期间公司基本面的变化却不大。20世纪80年代前后，美国股指和GDP走势背离过大。从60年代到80年代，十几年的时间，道琼斯工业指数停滞不前，但美国的GDP却增长了近4倍。80年代到90年代，这个指数增长速度超过10倍，但同期的GDP却没有超过3倍。2001年中国上证综指达到过2 245点，时至12年后的2013年，上证综指仍在2 100点徘徊。但中国的GDP则以超过3倍的速度在增长。1993年Blanchard等学者经过验证得出结论，如果基本面给定并且不发生变化，那么投资决定受到市场价格变化的影响非常小。在托宾q值之外，管理者在投资市场上存在一个不同的q值，不管在股价上升还是下跌时，企业大多会忽视市场价格。管理者投资决策实际考虑的q值不同于托宾q值的原因是，管理者比市场有更多的信息；即便信息集相同，市场对股价存在非理性预期导致股价泡沫；股票市场可能产生长期趋势，使得股市长期与基本面偏离。

从文献上看，对公司投资和托宾q值的研究，部分学者的结论和托宾q值的结论恰好相反。1990年Morck等研究得出结论，认为公司投资的主要影响因素根本就不是股票价格。而1993年Blanchard、Rhee和Summers等通过对美国数据库的整体研究，得出结论，股市对投资影响有限，而市场基本面仍然是公司投资最看重的因素。1996年，Chirinko和Schaller通过研究得出的结论仍然和以上学者一致。Morck等（1990）认为股价没有影响销售收入、利润等实际变量，不会对公司投资产生影响。Galeotti和Schiantarelli（1994）认为托宾q值包含的信息不仅有基本面的，还有非基本面的，我们可以细化投资和托宾q值的关系，前提是分离出非基本面信息。q值被分解后表明，在非基本面的扰动因素带来的投资者非理性行为下，企业投资受股价高估的正向影响更为显著。Stein（1996）发现非理性因素同样存在于股价中，这对权益发行会造成影响，从而对投资造成影响。只有不约束理性，才能让投融资决策相互对应。相反，约束理性后，有可能会造成一种融资决策对应多种投资决策。所以，研究的重点应放在管理者的行为上，前提是理性约束下的行为，仅仅研究机会主义行为问题或者研究管理者的私人信息是不够的。所以，不确定性才是一个企业在做资本预算的时候需要重点考虑的因素。Alti 和 Sulaeman（2012）实证发现股价高的时候，是上市公司增发股票的较好市场时机，但实际上却不一定会增发股票，只有机构投资者对该股票的购买需求较高时才会增发，散户购买导致股价升高不能引发股票的增发。

很多学者认为，托宾 q 值对投资的影响受制于融资约束。Fazzari 等（1988）以 1970—1984 年 422 家美国制造业上市公司为样本，得出结论，信息成本不同的企业，其投资—现金流的敏感程度也不同。企业管理者更了解企业价值，给定这一信息不对称问题，因此所带来的信息、交易成本都使得内部融资较低，而外部相对较高，从而约束融资。投资支出对现金流的大小也就应该非常敏感。研究者认定，一定存在融资约束问题，而这种问题比较严重的企业的股息支付率相对较低。Fazzari 等（1988）使用企业微观数据首次验证了融资约束会限制托宾 q 值对企业投资的指示作用，其作用远小于现金流等反映企业财务条件的变量。Lorenzoni 和 Walentin（2007）认为，社会大众在股票市场上的平均托宾 q 值和企业管理者对外投资市场上的管理者 q 值存在差距，这弱化了托宾 q 值对企业投资的相关性，并且金融约束会加大这种弱化。作者对托宾 q 值和投资关系的研究是通过建立投资模型来实现的，这个模型还有融资约束，结论是托宾 q 值和投资并没有太过显著的关系。也有一些学者通过研究，认为上涨的股价仅仅有挤出投资的功用，托宾 q 值效应并没有发挥效力，这样的结果是投资不升反降。Laopodis（2009）的研究表明，1960—1990 年间股市与投资的关系显著并有着共同的随机趋势，1990—2005 年这种关系中断了，由于 1990—2005 年间股市波动越来越脱离宏观经济基本面，20 世纪 90 年代的牛市反而降低了实体投资。

支持相关论的学者作了一系列的辩护。他们认为，完全不考虑股价，只根据基本面来确定投资水平，做到边际产出等于借贷成本，显然也不符合现实。股市也是一个市场，股东可以通过买入和卖出股票赚取收益，股价可以影响股票的买卖和发行，这不可能不对企业投融资产生影响。Fischer 和 Merton（1984）认为托宾 q 值>1 时，股票市场投资者愿意付出更多来买股票，此时企业应该发行新股。相反，托宾 q 值<1 时，企业不能发行新股，

应该通过未分配利润或发行债券来融资。有效市场假说下，托宾q值可以反映企业投资机会，企业投资情况可以通过托宾q值来完全解释。Cooper和Ejarque（2003）发现即便存在金融约束，托宾q值仍然可以解释绝大多数的投资变化，而现金流对投资没有任何解释力。Gomes（2001）发现即便没有融资约束，自由现金流依然可以显著影响投资，但他的研究认为这是由于托宾q值的识别和测量误差导致现金流包括了托宾q值的部分内涵。从1997—2000年，Kaplan和Zingales两位学者对Fazzari等（1988）样本中的近50家企业重新验证，这些企业的特点是股息支付率较低，所得结论与1988年Fazzari研究结论截然相反，这说明企业投资—现金流敏感性和融资约束的关系为负相关。Bushman等（2007）认为过去对现金流的定义存在问题，没有考虑营运资本部分。其研究发现，不是投资对现金流敏感，而是对营运资本投资敏感。后来的学者围绕他们的争论继续进行更深入的检验，主要在样本、时间、指标度量、计量方法选择等方面进行拓展，结论并不一致。Chirinko和Schaller（2001）构建有效价格的结构模型，对市场价格与自身做比较，然后用这个比较值来验证投资敏感性在非有效性中的差别，检验了基本面以外的冲击导致的股价误估是否影响了投资。他们发现，非公司基本面以外的冲击会影响托宾q值的测量，测量误差会导致托宾q值对企业投资影响的实证偏差。Mclean等（2012）发现，随着投资者保护程度提升，投资对q值的敏感性上升，而投资对现金流的敏感性下降，这是因为外部金融成本下降了。而且，投资对q值敏感性会促进经济增长，而投资对现金流敏感性会抑制增长。Jovanovic和Rousseau（2014）认为，已经存在的企业和新创立的企业对新技术引进的成本各不相同，而企业固有的新旧资本之间的兼容性也会对企业投资者的欲望有所影响，但是对新创立的企业来说则没有这种问题。经过实证研究发现，美国公司的投资活动相对托宾q值呈现非对称性分布的现象：目前公司开展的投资活动与托宾q值之间的关系表现为负相关，但是新创立的企业与这一值之间的关系则是正相关，而且托宾q值具有一定的弹性。

针对我国的相关研究也是争议大于共识。现有的研究已经发现，股票价格误估对公司投资具有重要影响。但迄今A股市场是否存在这样一种影响还缺乏科学的证据。与世界发达国家相比，我国股票市场的流动性与投机性更高。因为资本市场中股票市场是其重要的一个组成部分，很多企业都需要通过股票市场进行融资，虽然很多企业和个人在股票市场以投机为主要目的，但是对企业来说股票市场的主要作用是投融资。但是，我国的股票市场汇总投融资的作用被投机行为弱化了很多，其具体表现就是很多没有投资前景的股票会被投机行为炒得很高。我国的换手率相对于发达国家换手率来说较高，这一数据表明我国股市的长期投资者并不占大多数，很大一部分都是短期投机者。在 2001—2010 年间，上交所与深交所的换手率基本保持在 200%以上，当股市为牛市时换手率更高，特别是在 2007 年股市情况较好时换手率曾一度达到 1 000%。这样高的换手率表明我国的股市投机性与流动性非常强。而这种股市所带来的就是居民存款的转移，从银行转移到股市，企业的资金转移，从实体经济转移到股市。我国学者刘瑞和陈收在 2006 年通过实证研究的方法，对我国股票价格对企业投资行为的影响进行了研究，通过研究他们发现企业在长期投资过程中，企业股价的高低对投资行为的影响是非常显著的，而且市场估价对高估的公司短期投资行为的影响是正向的，其影响的水平要比非高估的公司短期投资要高，这就表明中国市场存在一定程度的募集资金滥用和转向。另外，扈文秀等研究人员在 2013 年通过实证研究与经验研究发现，在我国股权改革之前，由国家控股和国有法人持股的股票是不能被交易的，因此，我国股市中的托宾 q 值在计算时具有中国特色，直到 2008 年股权分置的解除，我国股市托宾 q 值与股价的关系也成为正相关。在 2006 年，丁守海通过 SVAR 模型对我国托宾 q 值效应进行检验，发现在我国股市中传统意义上的托宾 q 值都是不成立的，在股市中企业投资所表现出的是具有典型特点的“反托宾 q 值效应”，他通过研究发现，在我国股市中企业投资中的非理性成分所占的份额较大。其他研究人员如黄磊等对我国 2002—2005 年之间上市公司的相关数据进行分析发现，在上市公司中，托宾 q 值还不能作为准确的度量数据，这就表明我国的市场经济环境还不能应用托宾 q 值，而这些现象的出现在我国股市中都可以用投机性这一原因进行解释。2010 年杜江等研究人员将股票市场在宏观经济运行传导的外部机制作为研究对象，发现我国股市中非理性投资行为、股票市场固有结构和市场经济运行体制缺乏是影响我国股市不同于常规股市的主要影响因素，而企业在这种股市中不能通过股价的高低来预判市场的发展，长期投资行为与观念也就难以形成，因此，股价的高低并不是企业真实经营水平的表现。周业安和宋翔（2010）基于A股制造业上市公司的数据研究发现，公司投资越高股价越高，反之亦然。而当A股市场波动较大时会提高公司的融资成本，从而降低公司的投资水平。当股市中企业股价被估计过高时有可能会进一步引起企业投资行为受到一定的限制，而当企业股价被低估时则会导致企业投资的减少，同时其投资行为也不会被限制，假如设定的股价误估是对称的，那么企业在进行投资时其投资减少的幅度要更高，投资增加的幅度会有一定的降低，在短期时间内企业的投资行为与投资水平会逐渐降低。

还有学者研究了股市波动对实体经济投资的宏观影响。Alexandre和Bacao（2005）从经验的角度出发发现，对投资者来说影响较大的是市场价值，所以股价对实体经济来说其所带来的投资影响是非常重要的。企业股价的波动幅度与市场经济的相关指数是紧密联系的，这一联系也从另一方面反映了市场经济的宏观因素与行业因素。饶品贵等（2014）采用中国经济政策不确定性指数，研究经济政策不确定性对企业投资和投资效率的影响，他们发现在政府经济政策不确定性程度高的情况下，因为缺少了经济政策的明确指引，企业反而对市场中的经济因素（即投资机会）更为敏感。文章发现经济不确定性的升高会引起企业投资水平的降低，而企业的投资效率则会有所提升，并且这种情况在受经济政策影响比较大的企业类型中体现得更为明显。胡若痴（2014）发现，我国的股价和房价波动对投资需求不具有托宾q值效应，反而具有显著的挤出效应。在我国股市中可以发现，企业的投资与股价之间的关系不能应用传统的托宾q值理论。在我国，企业股价的上升对社会固定资产的投资所带来的正面影响并不明显，反而会影响其投资总量的增加，这一现象可以从我国股票市场与投资机制等角度来进行解释。从理论上来说，假如某一企业能够将发展重点放在技术创新上，这种情况有可能会增加投资者对企业的预期收益，这样一来企业就更容易获得投融资的机会，这样企业获得发展的机会也就更多。所以，企业的绩效和技术创新之间的关系表现为明显的正向关系。然而，冯梓洋等（2014）实证发现，由于我国投资者对企业的研发支出处于无知状态，技术创新对股票价格高估的影响并不显著。

## 第五节　文献述评

股价误估对企业投资是否产生实质影响，又产生何种影响？此问题一直是理论热点。股价泡沫的早期理论认为市场是有效的，任何偏离基本面的泡沫都会逐渐消失。之后有学者提出了非理性泡沫论，认为投资者对未来股价上涨的预期自发推动了股价的进一步上涨。行为金融理论是心理学和金融学交叉结合的研究成果，它分析人的心理和行为如何影响金融决策，如何左右资产定价，如何影响金融领域未来发展趋势。行为金融学是针对传统金融学无法解释的一些异象的研究，主体内容包括投资者心理、行为以及有限套利。主要理论包括投资者的认知偏差（启发式偏差和框架效应）和行为偏差（证真偏差、时间偏好、反馈机制和羊群效应）、前景理论、心理账户、噪声交易与有限套利。与股价泡沫相关理论同步发展的是企业投资的相关理论，二者关系的重要变量是代理成本和信息不对称。代理成本是由于专业化分工导致投资决策者不再是投资人，管理层使用股东的资金去投资，这个委托代理关系就是公司治理最核心的问题。委托代理不能通过完全的契约关系来解决，即不能通过事先订立契约的形式确定代理人的全部行为，那是因为信息不对称。简单地说，因为分工出现了委托代理，又因为信息不对称出现了委托代理问题。委托代理问题的存在，使得企业投资决策的分析变得相对复杂。那么，具体的企业股价高估如何影响投资呢？托宾 q 值经典理论认为企业股价高估时企业会优先增发股票，获得更多资金，投资自然增多了。这一逻辑链条受到了两个方面的质疑：高估就增发股票吗？增发股票就增加投资吗？对此有学者从股权依赖角度提出了质疑，也有许多学者不断做出辩护。

通过文献综述可以看出，现有文献对于股价高估如何影响企业投资没有统一的定论，实证结果分歧较大。需要值得深入探讨的问题是：股价高估是否影响企业投资，中间机制是增发股票吗？这个逻辑归因是资金成本问题吗？其可能的影响、机制及归因是：在托宾 q 值理论下企业在股价高估时会增发股票，而企业股权依赖时或融资约束时，增发股票的成本较低，企业利用这些融资去投资潜在项目。但是这个完整的逻辑链条并没有完全一次性地被阐述清楚，都是各自在不同的假设下做理论分析或不同的样本下做实证检验，并且都是局限于链条的某些方面而忽视了其他方面。因此，全面分析股价高估对企业投资的实质影响、具体机制和归因分析，十分重要且必要。

更重要的是，分析股价高估如何影响企业投资的文献虽然结论不统一，但是关注这一点的文献还是很多的。本书在以往研究的基础上更进一步，不仅分析投资多寡，还继续研究了这些投资的效率问题。如果增量投资的效率很低，则不如不投资。投资效率对于企业甚至国家而言是与投资多少一样重要，甚至是更重要的问题。对投资效率的文献评述在第五章详细呈现，在此不再罗列。但需要指出的是，本书在投资多少的基础上进而分析投资效率，是一脉相承的。同时，更本质的是，我们把投资多寡和投资效率两个问题建立了逻辑联系，认为股价高估造成投资增多的重要原因，不仅是股权依赖，而且是过度投资的冲动，即股价高估带来的新增投资往往是资源错配到低效率项目上，低效率之所以还去投资的原因就是过度投资的冲动。

# 第三章　股票价格高估影响上市企业投资的理论研究

Stein（1996）和 Baker 等（2003）使用相似的经典模型简单勾勒了股票价格高估对企业投资的作用原理。本章以此为基础，论证股价高估如何影响企业的投资决策，既分析对投资支出多少的影响，也意在判断投资效率的高低。理论模型分三块，依次递进。

## 第一节　基于股权融资机制的理论模型

从市场择时理论的基本假设出发，Baker 等（2003）研究了股权依赖度并发现股票价格对公司投资行为的影响程度因股权依赖与否而不同。究其原因，公司因股权依赖而缺少资金投资于潜在项目，而非股权依赖型公司的现有投资几乎饱和，新发股票收益很难再找到有价值的投资项目。

根据 Baker 等（2003）的论证，假定公司在时期 0 投资支出 $K$，那么在时期 1 的总体回报为 $f(K)$，$f(K)$ 为增函数、凹函数。假设有效市场的折现率为 $r$，那么投资的净现值为 $\frac{f(K)}{(1+r)}-K$。所以有效市场的最优投资 $K^{fb}$ 满足 $\frac{f'(K^{fb})}{(1+r)}=1$。

假设市场的错误估价相对于有效市场价值的比率为 $\delta$（高估则 $\delta>0$，低估则 $\delta<0$）。公司权益发行 $e$ 的限制范围为 $0\leqslant e\leqslant e^{\max}$，不能回购。这样融资和投资与杠杆限制相联系，即 $e+W-K(1-\overline{D})\geqslant 0$，$W$ 是公司的可用财富，$\overline{D}$ 为与新资产相关的借债能力，这一资本结构限制表明公司的债务比率可低于 $\overline{D}$ 但不能超过它。于是公司的优化问题为：

$$\max_{e,K}\frac{f(K)}{1+r}-K+\delta e \tag{3-1}$$

$$e+W-K(1-\overline{D})\geqslant 0$$

$$且\ 0\leqslant e\leqslant e^{\max}$$

上述优化问题的解总结如下，假设 $e^{\max}>K^{fd}(1-\overline{D})$，那么：

（1）假如 $\delta>0$，那么 $K=K^{fb}$，$e=e^{\max}$，即被高估的公司会选择最优投资并且尽可能多地发行权益。

（2）假如 $\delta<0$，且 $W-K^{fb}(1-\overline{D})\geqslant 0$，那么 $K=K^{fb}$，且 $e=0$，即被低估的公司如果拥有足够的可用财富 W 会选择最优投资并且避免发行权益。

（3）假如 $\delta<0$，且 $W-K^{fb}(1-\overline{D})<0$，那么 $K<K^{fb}$，即被低估的公司如果没有足够的可用财富就会出现投资不足（underinvestment）的现象。

以上公式证明：股价高估的公司会选择增发股票；而低估的公司只有在面临融资约束时才会选择增发股票。这说明，判断股价误估对投资的影响，有两个因素非常重要：一是高估还是低估（托宾 q 值是否大于 1），二是资金成本。为此，我们进一步界定资金成本相关的股权依赖的概念。定义 $K^{\alpha}$ 满足 $\dfrac{f'(K^{\alpha})}{1+r}=1-\delta(1-\overline{D})$。假如 $W-K^{\alpha}(1-\overline{D})<0$，那么 $K=K^{\alpha}$，且 $e=K^{\alpha}(1-\overline{D})-W>0$，即公司发行权益，但是投资和发行的规模都是低估程度 $\delta$ 和借债能力 $\overline{D}$ 的函数。

那么，假如 $W-K^{\alpha}(1-\overline{D})\geqslant 0$，那么 $K=\dfrac{W}{1-\overline{D}}$ 且 $e=0$，即公司不会发行股票，但只会根据其可用财富 $W$ 和杠杆限制来决定投资。

以上论证容易发现：①股票价格高估会引发公司增发股票；②当 $W-K^{fb}(1-\overline{D})<0$ 时公司为股权依赖的，即公司存在融资约束，那么它的投资对股票价格高估比非融资约束的公司更为敏感。这是本书的主要命题。

## 第二节　股价高估与企业投资无关的理论解释

上述模型证明了，股票价格高估会导致增发股票，尤其是在融资约束情况下。那么增发股票一定带来实际投资的增多吗?

在此，本书设定一个简单的决策模型，一个具有一定资产 $A$ 的企业进行一个 3 期决策。$s$ 是发行在外的股份数。假定没有负债。利率标准化为 0，这不影响结论的一般性。

$t=0$ 时期：收益函数 $R(\cdot)$。CEO 和投资者了解这点。利润最大化条件为：$R\in[0,\infty),R'>0,R''<0$。

$t=1$ 时期：早期项目产生现金流 $C$。现在企业的禀赋是 $A+C$。CEO 需要在此基础上做出投资决策。

$t=2$ 时期：投资 $I$ 产生收益 $R(I)$，$I\in[0,\infty)$。

管理层如何决策？

情形 1：CEO 有充足的内源资金 $C$ 来融资全部拟投资项目。此时，投资决策：$\max A+C+R(I)-I$，一阶条件为：$R'(I)=1$，可解出最优投资数额 $I^*$。

情形 2：CEO 无法完全依赖内源资金完成投资。这意味着存在一个资金缺口 $I-C$，必须通过外部融资来填补，假定可以发行 $s'$ 份额的新股。现在假定 CEO 首先使用内源资金进行投资，不够时再通过外部股权融资来完成。那么管理层的投资决策为：

$$\max_{I}\frac{s}{s+s'}(A+R(I)) \tag{3-2}$$

$$\text{s. t. }\frac{s'}{s+s'}(A+R(I))=I-C$$

$$\text{FOC}:R'(I)=1$$

从上述一阶条件可以看出，情形 2 的投资额与情形 1 相同，即投资对现金流不敏感。这就证明了股价高估不一定带来增发股票，除非存在融资约束，而且不论是否增发股票其投资额不变，即股价高估不影响投资。

以上公式证明：股价高估不一定增发股票，与上面的结论相反，这也是此类文献一直出现的重要分歧，也证明了本书实证检验的必要性。同时，更奇怪的是，由于最优投资额的确定性，增发股票与否不能实质影响到投资数额。现实情况确实如此吗？增发股票的融资都被储蓄了吗？这值得进一步作实证检验。

## 第三节　投资效率的理论分析

通过最优化的模型证明，因为最优投资额是既定的，股价高估不论在股权依赖与否的情况下是否做出增发决策，都不会影响投资额。这与 Baker 等（2003）并不一致。这恰是现有文献的主要分歧点。本书认为，实际上既定最优投资的假说是不符合实际的，现实中的企业，不是因为资金缺乏而无法覆盖所有的目标项目的投资，就是因为管理者帝国建造和在职消费的冲动而盲目扩张项目，而且理论上的所谓最优投资也是随着外界经济金融条件而动态变化的。同时，行为金融学许多文献也发现管理者往往具有过度自信的心理特征。所以，现实的企业都是会向外扩张的，股权依赖的企业会想尽办法筹资去投资，已经不缺资金和完成目标投资的企业也会利用更多的资金去投资其他项目。当然，增发股票的资金未必全部用于实体投资，可能部分用于储蓄、分红或金融投资，本书也对此进行了实证检验。

承接上文的理论模型，假定企业规模给管理层带来 $b$ 的在职收益，这包括更多的资金、更多的雇员、更多的在职消费、更大的名气等各种因为企业大而带来的货币性以及非货币性收益。因此，上文的最优化问题则改为了：$\max\limits_{e,K}\dfrac{f(K)}{1+r}-K+b+\delta e$ ，而约束条件不变。很显然，企业最优投资是 $\dfrac{f'(K^*)}{(1+r)}=1-b$ , $K^*>K^{fb}$ 。Baker 等（2003）也证明了股权依赖型的公司对未来投资收益不敏感，甚至是负相关。继续推导上文的模型，容易证明，不论权益情况 $\delta$ 取值如何，股权依赖情况 $W-K^{fb}(1-\overline{D})$ 取值如何，最终的投资情况都是增发股票后投资倾向会增加。这使得本书的结论与托宾 q 值理论更接近。

相比已有的矛盾观点，本书坚持了托宾 q 值理论，但是一个不同或者说本书的一个理论发展是，股价高估造成投资增多的重要原因，不仅是股权依赖，而且是过度投资的冲动。过度投资的冲动促进了金融向实体经济的转化，这一点上它是进步力量，然而它本身又是低效率的表现，这也成了股价高估对投资影响的又一个权衡。发现和检验其中的作用机制，找出企业最优的投资路径，以及改善政府定向调控的着力点，是本书的核心要义。

# 第四章　股价高估对上市企业投资的影响及其机制的实证分析

按照托宾 q 值的理论逻辑，股票价格高估直接影响企业投资数量，具体机制是：股价高估时企业会选择增发股票，获得新的融资后投资，而股价低估时企业会增持股票并选择其他融资渠道。那么，问题是企业会不会在高估时增发股票，增发收益又是否用于实际投资呢？所以，股价误估对上市企业投资的影响需要进一步实证分析。更重要的是，股价误估影响投资的原因是什么，是资本成本的权衡，还是信贷的替代？归因分析是对股价影响投资机制的深入研究，对于了解微观企业行为具有重要意义。

本章首先通过梳理文献提出实证检验的假说，回顾了股票价格影响企业投资的相关论和无关论，并阐释了股权依赖在其中的作用，提出了倾向于托宾 q 值经典理论的假说：股票价格高估会影响企业投资，股价高估会促进投资增多，在股权依赖严重时此现象更明显。然后，进一步考察了股价误估影响企业投资的作用机制：一是直接检验股价误估是否影响企业增发股票，增发是托宾 q 值理论认为股价误估影响企业投资的中间变量，因而进行这一检验至关重要；二是分别考察股市行情好和差、股价高估和低估两个分组下可能出现的不同结果，根据托宾 q 值理论的逻辑进度，股市行情好时增发股票未必是企业真的缺少投资资金，企业股价高估相对于低估更可能增发股票进而更可能多地投资。检验了股价误估对投资支出的影响及其作用机制之后，本章还试图探寻机制背后的原因，检验微观企业是否因为股权依赖或信贷替代的原因而在股价高估时增发股票，并利用所筹资金去实际投资。

## 第一节　研究假说

Tobin（1969）认为股票价格理性地反映了资本的边际产出，而托宾 q

值定义为企业的市场价值与资本重置成本之比，q>1，说明企业的市场价值高于其资产的重置成本，那么企业将会通过发行股票的方式进行低成本的融资来购置新设备，因为这样做是有利可图的。托宾q值可以反映市场对于公司未来利润的预期，并对公司投资产生影响。根据这一原理，当股票价格上涨时，托宾q值会随之增加，企业将会更多地在资本市场上发行股票来进行融资，投资新设备也将会增加，从而带来产出的增加。Fama（1990）、Barro（1990）等的经验研究证实了该理论预测。Baker和Wurgler（2002）认为股价围绕公司真实价值上下波动，管理者在公司股价高估时选择增发股票，被称为“市场择时理论”。Chirinko和Schaller（2001）发现日本20世纪80年代股价泡沫时期，上市公司实际投资增长了20%，证实了股价泡沫会对实际支出产生真实影响。Baker等（2003）实证检验发现，股价高估确实是通过证券发行这个渠道来影响公司实际投资的。Gilchrist等（2005）发现投资对股价高估是敏感的。Shleifer和Vishny（2003）认为股价高估会导致企业更多地投资于兼并，因为它可以向对方支付这高估的股票，节省成本。

股价误估和公司投资之间的关系非对称性得到了最近研究的证实，两者的关系还隐含了这样一个理论预期，即股价误估可能抑制投资。Frankel（2008）鉴于股票市场的不对称波动开展的研究表明，股价高估程度和低估程度的对比关系不确定，但市场更倾向于低估。更重要的是，公司投资也呈现出与股价误估同样的非对称波动。Jovanovic和Rousseau（2014）发现托宾q值对投资的影响依公司新旧而不同，对新建立公司可以显著提升新开工投资项目，而对于早已成立的在位公司由于发行新股获得资本和原有资本存在兼容性问题，在位公司的在建项目会缩减投资。同时，他们的研究提出由于在一时点上在位公司占据多数，所以托宾q值对企业投资的总体效果是负向的。Fang等（2014）发现，公司股票升值后，其股票更容易被潜在的收购者购买，导致其被收购的压力更大，公司不愿意在创新等方面作出长期支出。同时，有更多追逐短期利益的机构投资者会去持有这些公司的股票，这些机构投资者强调让公司管理者关注在短期利益上，而忽视了长期投入。

可以说，大多文献都认为股价高估会引发公司发行新股，而文献的分歧在于是否增加了公司的实际投资支出（Chirinko 和 Schaller，2001）。一方面，股价上升，公司评估自己的资本成本时会觉得资金成本降低了，这会引发公司增加投资；另一方面，股价虚高，公司新发股票获得额外收益，但公司高管很清楚公司基本面情况，因而更可能套取现金和证券收益而不去增加实际投资。股价高估影响投资的研究中，现有文献多在关注股权依赖的作用。股权依赖型企业比非股权依赖型企业对股价的变化更敏感。如果投资者过度悲观，企业就不得不放弃实际的投资机会，因为在股票被低估的情况下，此时融资的成本太高。结果，对股权依赖型企业来说，投资者过度悲观导致企业股价被低估，迫使企业放弃正 NPV 项目，从而带来投资不足，这就会伤害企业的长期竞争力。股权依赖的公司强烈需要再融资来实际投资，它们会更加积极地把握股价高估带来的增发融资机会。Baker、Stein 和 Wurgler（2003）研究发现，股权依赖型企业有低现金头寸，其投资对股价的敏感程度是非股权依赖企业的 3 倍。

综合以上分析，本书提出以下研究假说，供实证检验。

假说 1：股价高估会影响企业实际投资支出。

假说 2：股价影响投资的中间机制是股票增发。

假说 3：对于股权依赖型公司，股价高估更可能带来投资的增加。

## 第二节　实证研究模型和数据选择

### 一、数据来源

习惯上，股票市场与投资的有关研究一般以总量数据为对象，检验股票价格变化对投资的影响。在使用总量数据的过往经验中发现了若干问题，比较有代表性的如在加总周期性不同的行业时，由于这些行业会不同步地实施投资，部分影响可能会被抵消。出于对这类问题的思考，本书将以公司层面的微观数据为研究对象，考察公司股票价格对其投资决策的影响作用。

Chirinko 和 Schaller（2001）认为，股价泡沫的研究大都是以美国为研究样本，而美国股市相对于其他主要经济体的股市而言要稳定得多，因此用美国股市做样本研究股价高估和泡沫的代表性和解释力较弱。事实上，中国股市波动非常大，2013 年以来的股市行情就是最好的例证，对于分析股价高估如何影响投资是绝佳的样本。因此，本书选择中国上市公司作为研究样本。

中国上市公司主要分为沪市主板、深市中小板和创业板。在上海上市的主板企业大都是国有企业，尤其是央企上市公司，它们具有明显的政治关联性、社会责任性，信贷资金低廉且充足，股价高估和投资支出的影响来源不仅是市场，更多的可能是政府。创业板还不成熟，PE 和 VC 支持下上市，套利清盘的现象时有发生，短期融资的意义在一定程度上大于长期实际项目的投资。而中小板集中了我国一大批最优秀的民营企业和中等规模面向市场竞争的国有企业，更能代表我国企业的整体实力和微观主体的真实市场表现。为此，我们把样本进一步限定为我国中小板上市公司。

研究股价高估对企业投资的影响，样本选择时期要相对长一些。有些学者选择的样本期较短，且没有考虑到在不同的市场行情阶段，机构投资者对股票波动性的影响可能存在差异。有些学者虽然根据不同的行情（牛市或熊市）对样本进行了分段研究，但在对行情性质的定义上显得较为主观，导致结论并不一定可靠。样本期足够长，一些现象及其作用机制才能完整显现。而中小板成立时间不长，随着时间推移上市企业数量不断增多，并且 2006—2008 年中国股市有一个明显的波动，所以，我们选择 2005—2014 年十年的数据，包含了 2005—2008 年的一个涨跌行情，2013—2014 年的一个上涨行情，以及中间的长期小幅波动过程。需要说明的是，因为我们使用的公司层面的数据，截面数量远大于时间长度，仍为短面板数据，不需要进行严格的数据平稳性检验和协整检验。

本书使用 2005—2014 年中国中小板上市公司作为研究样本，数据来源于国泰安信息技术有限公司（GTA）的 CSMAR 数据库和北京色诺芬信息技术公司 CCER 数据库[①]。样本筛选原则如下：①剔除了金融业的公司；②剔除了样本期间被 ST 的公司；③为了防止兼并或重组的影响，剔除了样

① CSMAR 数据库是国泰安公司开发的针对中国金融、经济领域的研究型精准数据库，包括上市公司研究等 11 大系列、75 个数据库。CCER 数据库是色诺芬公司联合北京大学国家发展研究院推出的，专门为学术研究提供数据支持的中国经济金融数据库。两大数据库在数据质量和字段设计等方面，可以媲美国际著名数据库 CRSP 和 COMPUSTAT，获得了国内外学者的广泛使用。

本区间内总资产成长率或主营业务收入成长率大于100%的公司；④并剔除了数据库中数据严重缺失的样本。最终，我们的样本为4 387个，其中，2005年50个、2006年119个、2007年221个、2008年273个、2009年358个、2010年554个、2011年653个、2012年701个、2013年718个、2014年740个。

## 二、计量模型设定

根据托宾q值理论，本书的基本计量模型设定如下：

$$Invest_{it} = \beta_0 + \beta_1 q_{it} + \gamma \sum Control_{it} + \varepsilon_{it} \qquad (4-1)$$

左式是投资支出变量，$q$是托宾q值，*Control*是一系列控制变量，主要变量的选取和定义在下文详细说明。使用公司年度面板数据，运用固定效应的回归方法，并且为了保持计量结果稳健性，还使用了平衡面板和非平衡面板，混合OLS回归方法等，详见回归分析一节。

## 三、变量定义

投资支出的度量参照李焰等（2011）的做法，使用年末和年初固定资产净值的差额来衡量，并且我们使用了其与固定资产比值、与总资产比值两个变量，同时，为了使投资的量化更加严谨，我们还从现金流的视角，用构建固定资产、无形资产和其他长期资产支付的现金来测度投资支出。投资支出的其他衡量方法都大同小异，例如罗琦等（2007）使用$I/K$代表企业投资支出，$I$为企业购买固定资产、无形资产和长期资产的支出之和，固定资产总值$K$用作分母对投资支出进行标准化。

股票收益的差分、托宾q值、账面市值比、新股发行等变量都被常用来测度股市价格泡沫（Gilchrist等，2005）。Gilchrist等（2005）还使用股票实际收益与股票分析师预测的差额作为股价偏离基本面的程度以度量泡沫大小。Chirinko和Schaller（2001）则认为，股价泡沫的定义是实际股价超过公司基本面（或者说投资收益净现值）的差额。本书对于股价高估的测度，与大多数文献一样，参照托宾q值理论的做法，使用托宾q值来表示。需要说明的是，q值大小本身可能是高估也可能是低估，在此q值只表示高估程度，q 值越大表示高估越严重。高估程度是相对于公司基本面而言的误估，而不一定是绝对意义上的高估，也包括低估样本。既然 q 值也可以表示低估，那么为什么使用股价高估这个概念呢？我们主要基于以下考虑：一是与主要文献相似，本书的主要理论分析和实证检验都侧重高估的情况；二是中国大多数企业存在股价高估问题（使用托宾 q 值理论的 q 是否大于 1 作为是否高估标准），我国中小板上市公司在近十年的托宾 q 值均值为 2.372，所以"高估"一词本身就代表了多数样本；三是为了使本书有关结论更加明确，使得股价"高估"一词更加"名副其实"，本书还使用 q 是否大于 2 作为是否高估作了分组检验，即包含少数低估样本的总体样本下成立的结论在 q 大于 2 的较为高估的样本组会得到强化。简言之，托宾 q 值只表示股价高估程度，但是总体样本和分样本都验证了高估影响投资的有关结论。

除了被解释变量投资和解释变量 q 之外，本书还控制了许多财务指标和公司治理结构指标：①公司规模（*Size*），使用总资产的自然对数来表示；②总资产净利润率（*ROA*），使用净利润与总资产的比值来表示；③主营业务收入（*Sales*），使用销售收入的自然对数来表示；④资产负债率（*Debt*），使用负债总额与总资产的比值来表示；⑤现金持有量（*Cash*），使用货币资金与总资产的比值来表示；⑥现金净流量（*CF*），使用期初经营活动现金净流量与总资产的比值来表示；⑦董事会结构（*Board*），使用独立董事占董事人数的比重来表示；⑧CEO 董事长两职合一（*Boss*），设置为 CEO 与董事长是否为同一人的虚拟变量；⑨实际控制人性质（*State*），根据实际控制人为国有企业或各级政府时，企业性质认定为国有企业，取值为 1，否则取值为 0；⑩行业虚拟变量（*Industry*），根据证监会分类标准，除去金融业，共 18 个行业；⑪年度虚拟变量（*Year*）。同时，根据下文计量检验的需要，我们还选取了如下变量：①是否增发（*SEO*），只要该公司在一个年度内至少有一次定向增发或公开增发就取 1，否则取 0；②长期负债率（*Lev*），使用长期负债与总资产的比值来表示；③银行信用（*Credit*1），使用短期借款与总资产的比值来表示；④商业信用（*Credit2*），使用应付账款与总资产的比值来表示；⑤账面市值比（*BM*），使用总资产与市场价值的比值来表示；⑥存货（*Inventory*），使用存货净额的自然对数来表示。这 6 个变量的使用将在下文详细说明。所有变量的计算方法详见表 4-1。

**表 4-1　变量定义**

| 变量 | 名称 | 定义 |
| --- | --- | --- |
| 被解释变量 | 投资支出（*Invest*1） | （年末固定资产净值—年初固定资产净值）/总资产 |
| | 投资支出（*Invest*2） | （年末固定资产净值—年初固定资产净值）/年初固定资产净值 |
| | 投资支出的现金（*Invest*3） | 构建固定资产、无形资产和其他长期资产支付的现金/总资产 |
| 解释变量 | 托宾 q 值（*q*） | 公司市值/公司账面值 |
| 控制变量 | 规模（*Size*） | 总资产的自然对数 |
| | 总资产净利润率（*ROA*） | 净利润/总资产 |
| | 主营业务收入（*Sales*） | 销售收入的自然对数 |
| | 资产负债率（*Debt*） | 负债总额/总资产 |
| | 现金持有量（*Cash*） | 货币资金/总资产 |
| | 现金净流量（*CF*） | 期初经营活动现金净流量/总资产 |
| | 董事会结构（*Board*） | 独立董事人数/董事人数 |
| | 两职合一（*Boss*） | CEO 与董事长为同一人则取 1，否则取 0 |
| | 实际控制人性质（*State*） | 实际控制人①是政府则取 1，否则取 0 |
| | 行业（*Industry*） | 根据证监会规定分为 11 个行业，虚拟变量 |
| | 年度（*Year*） | 年度虚拟变量 |
| 增发 | 是否增发（*SEO*） | 存在定向增发或公开增发时取 1，否则取 0 |
| 资本成本 | 长期负债率（*Lev*） | 长期负债/总资产 |
| 信贷替代 | 银行信用（*Credit*1） | 短期借款/总资产 |
| | 商业信用（*Credit*2） | 应付账款/总资产 |
| 投资机会 | 账面市值比（*BM*） | 总资产/市场价值 |
| 存货 | 存货（*Inventory*） | 存货净额的自然对数 |

## 四、描述性统计

主要变量的描述性统计如表 4-2 所示，显示了各个变量的观察值、均值、标准差、最小值和最大值。根据观察值可以看到，由于缺漏值的影响，变量的观察值并不相同，但差别不大，大都在 4 300 左右。而投资支出（In-

① 参照刘芍佳等（2003）的研究，把上市公司按照其披露的终极控制人数据分为非国有控股和国有控股。政府最终控制包括国有控股、国有独资、政府行政部门控制、事业机构控制的公司。

vest1)、投资支出（Invest2）以及现金净流量（CF）都是用到上年度的相应数据，所以差分时个数相对较少，这是因为中小板上市公司是在逐年增多的，上年度数据往往少于本年度。

**表 4-2 主要变量的描述性统计**

| 名称 | 观察值 | 均值 | 标准差 | 最小值 | 最大值 |
|---|---|---|---|---|---|
| 投资支出（*Invest*1） | 3 686 | 0.039 | 0.082 | −1.695 | 0.511 |
| 投资支出（*Invest*2） | 3 686 | 0.389 | 0.986 | −0.990 | 23.764 |
| 投资支出的现金（*Invest*3） | 4 385 | 0.078 | 0.062 | 0.000 | 0.443 |
| 托宾 q 值（*q*） | 4 194 | 2.372 | 1.708 | 0.057 | 14.764 |
| 规模（*Size*） | 4 387 | 21.284 | 0.888 | 18.593 | 27.041 |
| 总资产净利润率（*ROA*） | 4 387 | 0.053 | 0.072 | −2.555 | 0.863 |
| 主营业务收入（*Sales*） | 4 370 | 20.749 | 1.042 | 16.636 | 25.414 |
| 资产负债率（*Debt*） | 4 387 | 0.363 | 0.196 | 0.008 | 2.394 |
| 现金持有量（*Cash*） | 4 387 | 0.252 | 0.172 | 0.000 | 0.954 |
| 现金净流量（*CF*） | 3 686 | 0.044 | 0.080 | −0.393 | 0.430 |
| 董事会结构（*Board*） | 4 346 | 0.369 | 0.051 | 0.143 | 0.667 |
| 两职合一（*Boss*） | 4 291 | 0.340 | 0.474 | 0.000 | 1.000 |
| 实际控制人性质（*State*） | 4 387 | 0.154 | 0.361 | 0.000 | 1.000 |
| 是否增发（*SEO*） | 4 387 | 0.090 | 0.286 | 0.000 | 1.000 |
| 长期负债率（*Lev*） | 4 386 | 0.037 | 0.070 | 0.000 | 0.717 |
| 银行信用（*Credit*1） | 4 387 | 0.109 | 0.118 | 0.000 | 1.247 |
| 商业信用（*Credit*2） | 4 380 | 0.090 | 0.067 | 0.000 | 0.620 |
| 账面市值比（*BM*） | 4 194 | 0.672 | 0.680 | 0.068 | 17.574 |
| 存货（*Inventory*） | 4 332 | 19.083 | 1.400 | 8.045 | 24.675 |

中国上市公司虽然数量不多，但都是各行业的优质企业，是各行各业的领军者，一定程度上可以代表中国微观企业的全部。中国 A 股市值已与年度 GDP 相当，在行情好的时候还会远超过 GDP。所以，考察中国上市公司的投资行为，对于分析中国宏观经济整体投资形势十分必要，微观企业的投资行为是市场决定性的体现，也是政府更好地调控市场的政策着力点。而中小板企业在中国上市公司中又最具代表性。主板企业主要是国有企业，政府

控制和政治关联严重，企业行为的代表性不足，而创业板和新三板虽然都是新兴的市场力量，但是公司治理和数据披露的要求低于中小板。因此，我们试图通过中小板数据来以小见大，洞察中国经济的微观主体行为。从描述统计可以看出，投资支出占总资产的比重仅为3.9%，占固定资产净值的比重为38.9%，也就是说固定资产净值的不足四成用于投资，而现金投资支出仅占总资产的7.8%。从这3个不同的投资支出的测量指标可以看出，对于微观企业的平均水平而言，投资并不高。而波动却较大，很多企业的年末固定资产净值低于年初固定资产净值，使得投资支出Invest1和Invest2为负值，而个别企业的投资支出水平极高，可见不同公司投资水平差别很大。

而表示微观企业股价高估的指标托宾q值，平均值为2.372，远大于1，显示我国企业的股价存在普遍高估的现象，公司市值是公司账面价值的两倍多。同时，托宾q值的企业间差距也非常大，最小的只有0.057，而最大的却高达14.764。

公司财务数据方面，公司规模适中，总资产自然对数的均值为21.284，公司差别从自然对数看不是很大，但是实际数值是以$e$为底的指数，公司差异还是相当大的。资产利润率的平均水平为5.3%，仅仅相当于一年期贷款利率，从机会成本上看，中小板企业的收益率还是很低的，而且这还是各行业的高水平公司，可见中国整体微观企业的利润率已经相当薄，很多企业是负收益，这一点对于提高企业竞争力和中国长期增长动力而言，尤为值得关注。但是总体而言并不是很高。主营业务收入略小于总资产，可见公司的营业收入或销售额还是很高的，只是利润低。资产负债率的平均水平为36.3%，杠杆率并不算高，可能对于国有企业尤其是承担地方投融资建设的国企而言这个值会高得多。企业总资产的25.2%是作为现金形态持有的，对于企业而言现金为王，流动性大、支付力强、安全性高。但现金持有不是越高越好，极端企业的现金持有占资产比重为95.4%，这样的情况会严重影响企业的固定资产积累和做大做强。期初经营活动现金净流量占总资产的比重为4.4%，值虽小，但是因为是净流量，部分企业流出多，部分企业流入多，总体均值为4.4%，表明中小板总的来说在2005—2014年十年间现金是在累计的。

公司治理结构方面，最重要的是企业的董事会、CEO 和控制人。公司董事会设置上，我们选择了独立董事占比这个指标，平均值是 36.9%，这略高于我国上市公司治理结构的基本要求，我国要求独立董事不能少于公司董事的三分之一。34.0%的中小板公司的董事长和 CEO 是同一人兼任的，即董事会和管理层的最高决策者是同一人，这一比例是很高的。根据公司治理理论和委托代理理论，公司成熟发展、规模壮大，需要股东把经营权交给职业经理人，同时设置董事会来监督和建议管理层，而三成公司董事长兼任 CEO，说明我国很多企业并没有形成成熟的经理人市场机制，或者说很多企业的董事会职能和管理层职能并没有很好地分工。在中国，企业很重要的标签就是企业的性质，不同性质的公司在进入行业、获取信贷、能否上市、能否增发、治理结构设置、投资决策的考虑因素、投资效率等多个方面都会呈现出显著差异。在样本期 2005—2014 年间，市场主体作用是不断增强的，目前深化改革要发挥市场配置资源的决定作用。但是不管市场力量如何，企业性质都会是企业投资的重要影响因素。我们把最终控制人为国企、国企控股、各级政府控股的，界定为国有企业，其他则归为非国有企业，同时，最终控制人为多个人时优先认定为非国有企业。由于选择的是中小板样本，国有企业比重不高，为 15.4%。

基本回归以及下一章关于投资效率的计量检验，还涉及了若干其他变量。是否增发（SEO），对于企业—年度数据集而言，0.90%的企业增发了，增发比例较低。在数据处理时，在一个年度内至少有一次增发就认定 1，多次增发的也是 1，即是否增发的虚拟变量，而不是增发次数的连续变量。在数据处理过程中发现，包括金融行业在内，中小板企业在 2004—2015 年共有 416 起增发融资行为，扣除年度内多次增发的（按一次计算），则只有 393 起。长期负债率的平均水平为 3.7%，这用来表示资本成本。使用短期借款与总资产的比值来表示银行信用，使用应付账款与总资产的比值来表示商业信用，二者的样本均值分别为 10.9%、9.0%，以用来刻画企业银行信贷和商业信用情况。投资机会的变量账面市值比均值为 0.672，表明多数企业是严重高估的，投资机会不高。存货的自然对数水平为 19.083，略小于主营业务收入和总资产，个别企业的存货值很高，企业间差距较大。

## 第三节　基础计量模型的回归分析

本节是基于前文所述的基本计量模型，对企业投资支出的回归分析。首先使用 3 个投资支出变量分别作为被解释变量，使用托宾 q 值作为解释变量，不加入任何控制变量，使用混合 OLS 做回归。然后加入全部控制变量，也使用混合 OLS 做回归。

为了更好地控制个体效应，使用更为精确一些的面板数据固定效应模型 FE，一次性控制所有因企业而变动但不因时间变动的变量，继续上面的回归。

完成控制个体效应的检验后，为了使研究更加准确，结论更加全面，进一步使用平衡面板数据做固定效应 FE 回归，以排除个体在时间序列上的不稳定性。这里的不稳定性不是指时间序列的平稳性，而是指个体在时间上的生存性。由于此时中国企业退市制度仍未建立，几乎没有企业在此期间退市，因此，生存性即指企业 IPO 后的上市时间。

### 一、股价高估对投资支出影响的 POLS 回归

首先使用 3 个投资支出变量分别作为被解释变量，使用托宾 q 值作为解释变量，不加入任何控制变量，使用混合 OLS（POLS）作回归。然后加入全部控制变量，也使用混合 OLS 做回归。6 个回归结果如表 4－3 所示。

**表 4－3　股价高估对投资支出影响的 POLS 回归结果**

| | (1)<br>*Invest*1 | (2)<br>*Invest*2 | (3)<br>*Invest*3 | (4)<br>*Invest*1 | (5)<br>*Invest*2 | (6)<br>*Invest*3 |
|---|---|---|---|---|---|---|
| *q* | 0.002*** | 0.005* | 0.001 | 0.006*** | 0.026** | 0.002* |
| | (0.001) | (0.003) | (0.001) | (0.001) | (0.011) | (0.001) |
| *Size* | | | | 0.022*** | 0.171*** | 0.014*** |
| | | | | (0.004) | (0.041) | (0.003) |
| *ROA* | | | | 0.371*** | 0.992*** | 0.024** |
| | | | | (0.044) | (0.117) | (0.009) |

（续）

| | (1) *Invest*1 | (2) *Invest*2 | (3) *Invest*3 | (4) *Invest*1 | (5) *Invest*2 | (6) *Invest*3 |
|---|---|---|---|---|---|---|
| *Sales* | | | | −0.020*** | −0.122*** | −0.010*** |
| | | | | (0.003) | (0.030) | (0.002) |
| *Debt* | | | | −0.004 | 0.199* | −0.020*** |
| | | | | (0.006) | (0.106) | (0.007) |
| *Cash* | | | | −0.101*** | −0.073 0 | −0.101*** |
| | | | | (0.016) | (0.069) | (0.007) |
| *CF* | | | | −0.047* | −1.346*** | 0.108*** |
| | | | | (0.024) | (0.159) | (0.014) |
| *Board* | | | | −0.002 | 0.366* | −0.012 |
| | | | | (0.017) | (0.192) | (0.017) |
| *Boss* | | | | 0.003* | 0.037** | 0.007*** |
| | | | | (0.002) | (0.016) | (0.002) |
| *State* | | | | 0.003 | −0.091** | −0.005* |
| | | | | (0.003) | (0.032) | (0.003) |
| 行业 | 否 | 否 | 否 | 是 | 是 | 是 |
| 年份 | 否 | 否 | 否 | 是 | 是 | 是 |
| *Cons* | 0.045*** | 0.380*** | 0.079*** | 0.038 0 | −0.919** | 0.101** |
| | (0.002) | (0.027) | (0.002) | (0.023) | (0.346) | (0.035) |
| *N* | 3 616 | 3 616 | 4 192 | 3 515 | 3 515 | 3 514 |
| *R* - squared | 0.002 0 | 0.000 9 | 0.001 6 | 0.156 7 | 0.032 8 | 0.177 0 |

注：括号中报告的是稳健标准差。“是”表示控制了相关变量。*R* - squared 是调整后的 $R^2$。*、**、*** 分别表示 10%、5%和 1%的显著性水平。模型（4）-（6）Cluster 在行业水平。

回归结果清晰可见，托宾 q 值显著提升了投资水平，而且采用固定资产净值变动占总资产的比重（Invest1）时显著性更高，而采用固定资产净值变动占期初固定资产净值的比重（Invest2）时系数增大，相比较而言，使用投资支出的现金（Invest3）系数和显著性都较低，这些从 6 个回归中都可以看出。还要说明的是，q 的系数值较小，这说明尽管 q 会对投资带来显著的影响，但是影响程度不大，投资决策的其他因素更重要。当然需要辩护的是，q 的值本身很小，都是在 1 上下波动，这个从 q 的均值和标准差可以看出，而 q 系数表示 q 变动 1 个单位投资变动的大小，而 q 变动 1 个单位是很大的变动了。更重要的是，3 个投资支出的均值都很小，分别是 0.039、0.389、0.078，变化 0.001 已经是很大的变化了。以模型（4）为例，如果一个公司的 q 由 1 增大一倍（即高估一倍），将使得投资支出增加 0.006，这超过了均值的 15%（即投资提高大约 15%）。因此，对于系数大小的理解和解读很重要，但是不能狭义地看数值大小，要结合解释变量和被解释变量的均值和标准差来看。从 q 的系数正负、大小及显著性来看，研究假说 1 得到了较好的验证。

因为回归（4）-（6）是在回归（1）-（3）上加上了公司财务、公司治理、行业、年份等控制变量，并且 Cluster 在行业水平上，调整后的 $R^2$ 显著提高了。关于控制变量的解读也只能通过前者来判断。根据模型（4）-（6）的回归结果，公司规模越大投资支出越多，公司盈利性越强投资越高，这与一般常识是相符的。但是，我们还发现，销售收入越大投资越少，这可能与存货有关，负债率对投资的影响不显著且不同投资指标存有差异，与现有文献有差异的是现金持有量和现金净流量与投资支出是反向的，即现金越多投资越少，这也许表明现金较少用于固定资产方面的实际投资，而较多用于其他资本投资或储蓄。

## 二、股价高估对投资支出影响的固定效应（FE）回归

接下来，使用更为精确一些的面板数据固定效应模型 FE，继续上面的回归。面板固定效应相对于 POLS 而言较好地控制了企业的个体效应，控制了所有因企业而变动但不因时间变动的变量，这类变量不再需要单独控制，通过 FE 可以全部一次性控制。6 个回归结果如表 4-4 所示。

**表 4-4　股价高估对投资支出影响的 FE 回归结果**

| | (7)<br>*Invest*1 | (8)<br>*Invest*2 | (9)<br>*Invest*3 | (10)<br>*Invest*1 | (11)<br>*Invest*2 | (12)<br>*Invest*3 |
|---|---|---|---|---|---|---|
| *q* | 0.002** | 0.004* | 0.001** | 0.003** | 0.047** | 0.004*** |
| | (0.001) | (0.004) | (0.001) | (0.002) | (0.021) | (0.001) |
| *Size* | | | | 0.091*** | 0.600*** | 0.023*** |
| | | | | (0.007) | (0.101) | (0.005) |

（续）

| | (7) *Invest*1 | (8) *Invest*2 | (9) *Invest*3 | (10) *Invest*1 | (11) *Invest*2 | (12) *Invest*3 |
|---|---|---|---|---|---|---|
| *ROA* | | | | 0.389*** | 0.818** | 0.048*** |
| | | | | (0.026) | (0.347) | (0.016) |
| *Sales* | | | | −0.059*** | −0.273*** | −0.016*** |
| | | | | (0.006) | (0.086) | (0.004) |
| *Debt* | | | | 0.034* | 0.439* | −0.014 0 |
| | | | | (0.019) | (0.261) | (0.012) |
| *Cash* | | | | −0.218*** | −1.397*** | −0.113*** |
| | | | | (0.016) | (0.220) | (0.010) |
| *CF* | | | | −0.018 | −0.506* | 0.048*** |
| | | | | (0.022) | (0.293) | (0.014) |
| *Board* | | | | 0.000 | 0.823 | −0.023 |
| | | | | (0.043) | (0.586) | (0.027) |
| *Boss* | | | | 0.007 | −0.029 0 | 0.004 |
| | | | | (0.005) | (0.070) | (0.003) |
| *State* | | | | −0.009 | −0.062 0 | −0.011 |
| | | | | (0.012) | (0.159) | (0.007) |
| 行业 | 否 | 否 | 否 | 是 | 是 | 是 |
| 个体 | 是 | 是 | 是 | 是 | 是 | 是 |
| 年份 | 否 | 否 | 否 | 是 | 是 | 是 |
| *Cons* | 0.045*** | 0.382*** | 0.075*** | −0.499*** | −5.759*** | 0.026 0 |
| | (0.003) | (0.038) | (0.002) | (0.130) | (1.756) | (0.082) |
| *N* | 3 616 | 3 616 | 4 192 | 3 515 | 3 515 | 3 514 |
| *R* - squared | 0.001 4 | 0.000 8 | 0.001 4 | 0.217 5 | 0.050 3 | 0.203 8 |

注：括号中报告的是 Bootstrap 稳健标准差。“是”表示控制了相关变量。*R* - squared 是组内 $R^2$。*、**、*** 分别表示 10%、5%和 1%的显著性水平。

回归（7）-（9）3 个结果表明上述 POLS 的结果依然成立，托宾 q 值的提高会带动投资，但是不同投资支出指标之间的显著性和大小关系略有变动，当然因为 q 值只是公司投资的较小方面，这 3 个模型的组内 $R^2$ 较小。需要指出的是，使用固定效应 FE 方法回归时，STATA 会报告组内 $R^2$、组

间 $R^2$ 和总的 $R^2$ 3 个 $R^2$，但是组内 $R^2$ 是最能表示模型拟合程度的。相关结论在控制了若干主要公司变量后的模型（10）－（12）依然成立，q 的系数和显著性都提升了，方程的 $R^2$ 也增大了，这些趋势与 POLS 回归时是一致的。

关于控制变量，还是要看模型（10）－（12），比较（4）－（6）容易发现，许多变量的显著性下降了，这可能是因为通过个体固定效应把很多企业特质给控制了，我们选择的公司治理等变量特征对投资支出的影响，可能就被固定效应吸收了。计量处理中，加入一个变量，之前的变量变得不显著，一个重要原因就是，对已被解释变量而言，后加入变量是之前变量的替代或者更为根本的变量。特别指出的是，行业类型和企业是否是国有企业这两个变量，对于绝大多数企业而言，企业行业归属和企业性质在 2005—2014 年间是不变的，它们的影响更大程度上体现在个体固定效应中。极端情况是，当所有企业在样本期间的行业归属或企业性质都没有发生变化时，在使用固定效应方法回归时，这两个变量会被作为完全共线性变量被自动踢出而不参与回归。一部分控制变量的显著性下降了，而公司规模、公司利润率和销售收入、现金持有量等变量依然显著，并且呈现出与 POLS 时一样的作用，公司规模、公司利润率促进投资支出，而销售收入、现金持有量抑制公司投资支出。

## 三、股价高估对投资影响的平衡面板固定效应回归

进一步地，为了使研究更加准确，不仅要控制个体效应，还应该排除个体在时间序列上的不稳定性。这个不稳定性不是指时间序列的平稳性，而是指个体在时间上的生存性。又因为中国企业退市制度仍未建立，几乎没有企业在此期间退市。生存性就主要是指 IPO 时间而言了，中国中小板不断发展完善，上市企业陆续增多，导致在不同时间截面上续存的公司并不相同。这一点从样本的时间分布也可以看出：2005 年 50 个、2006 年 119 个、2007 年 221 个、2008 年 273 个、2009 年 358 个、2010 年 554 个、2011 年 653 个、2012 年 701 个、2013 年 718 个、2014 年 740 个。也就是说任取一个年份，所比较的公司并不是同一批公司。因此，为了考察同一批公司在时间分布上的变化以及空间分布上的截面比较，需要设置平衡面

板数据。同时，需要指出的是，中小板 2004 年建立时上市企业非常少，随后数量逐年增多。选择年份靠前的话，样本会很少，选择年份靠后的时间会很短。为此，我们选择较为居中的 2010 年，使用 2010—2014 年续存的公司作为平衡面板数据。重复操作模型（4）-（6）以及（10）-（12），回归结果如表 4-5 所示。

**表 4-5　股价高估对投资支出影响的平衡面板固定效应回归结果**

| | (13)<br>*Invest*1 | (14)<br>*Invest*2 | (15)<br>*Invest*3 | (16)<br>*Invest*1 | (17)<br>*Invest*2 | (18)<br>*Invest*3 |
|---|---|---|---|---|---|---|
| *q* | 0.002* | 0.014** | 0.003** | 0.001* | 0.050* | 0.002** |
| | (0.002) | (0.007) | (0.001) | (0.001) | (0.028) | (0.001) |
| *Size* | | | | 0.092*** | 0.712*** | 0.020** |
| | | | | (0.012) | (0.143) | (0.008) |
| *ROA* | | | | 0.408*** | 0.165 | 0.006 |
| | | | | (0.032) | (0.399) | (0.022) |
| *Sales* | | | | −0.065*** | −0.373*** | −0.009 |
| | | | | (0.010) | (0.123) | (0.007) |
| *Debt* | | | | 0.015 | −0.046 | −0.031 |
| | | | | (0.031) | (0.382) | (0.021) |
| *Cash* | | | | −0.194*** | −1.491*** | −0.109*** |
| | | | | (0.025) | (0.309) | (0.017) |
| *CF* | | | | −0.0340 | −0.183 | 0.064*** |
| | | | | (0.030) | (0.374) | (0.021) |
| *Board* | | | | −0.0700 | 0.779 | 0.005 |
| | | | | (0.059) | (0.733) | (0.041) |
| *Boss* | | | | 0.000 | 0.0240 | 0.006 |
| | | | | (0.007) | (0.091) | (0.005) |
| *State* | | | | 0.012 | −0.032 | −0.002 |
| | | | | (0.017) | (0.213) | (0.012) |
| 行业 | 否 | 否 | 否 | 是 | 是 | 是 |
| 个体 | 是 | 是 | 是 | 是 | 是 | 是 |
| 年份 | 否 | 否 | 否 | 是 | 是 | 是 |

（续）

| | (13) Invest1 | (14) Invest2 | (15) Invest3 | (16) Invest1 | (17) Invest2 | (18) Invest3 |
|---|---|---|---|---|---|---|
| Cons | 0.035*** | 0.264*** | 0.067*** | −0.532** | −6.402** | −0.089 0 |
| | (0.004) | (0.048) | (0.003) | (0.219) | (2.712) | (0.150) |
| N | 1 410 | 1 410 | 1 410 | 1 410 | 1 410 | 1 410 |
| R - squared | 0.001 1 | 0.000 4 | 0.005 1 | 0.300 5 | 0.060 9 | 0.164 7 |

注：括号中报告的是 Bootstrap 稳健标准差。“是”表示控制了相关变量。R - squared 是组内 $R^2$。*、**、*** 分别表示 10%、5%和 1%的显著性水平。

平衡面板的处理过程中，我们发现，2010—2014 年五年间在中国中小板上市，连续存在，并且本书选择的主要变量都没有任何缺失的公司，只有 282 家。五年共 1 410 个观察值。我们对平衡面板的回归方法是固定效应 FE，回归结果与上表基本相同，在系数的正负、大小和显著性上差别不大。这也再次印证了我们的核心假说：股价高估会影响投资，具体而言，股价高估会导致企业投资增多。至此，我们通过混合 OLS（POLS）、（平衡面板与非平衡面板）固定效应（FE）方法都验证了假说 1：股价高估会影响企业实际投资支出。

## 第四节　股票价格高估影响上市企业投资的股权融资机制的检验

股票价格高估可以带来投资支出的变动，那么，其具体机制是什么呢？托宾 q 值理论认为中间机制是增发股票，确实如此吗？我们对此进行实证检验。

### 一、检验思路、实证模型和回归结果

股价高估时企业会选择再融资来获得更多资金。再融资是上市公司的一种直接融资行为，包括配股、增发和发行可转换债券等形式。根据托宾 q 值理论，此处的再融资应该主要指增发股票。增发又可以分为定向增发和公开增发，前者是面向特定的机构投资者，后者是面向全体投资者的。

沪深证券市场的增发新股融资方式是从 1998 年年中开始的，在最初的几年里，只有少数公司完成增发。这一冷清的局面在《上市公司向社会公开募集股份暂行办法》颁布后得到了扭转，从 2000 年 5 月起，许多上市公司纷纷“弃配改增”，增发数量迅速增加。数据显示，从平均货币资金数量的比较上看，实施增发的公司并不是因为缺乏资金才进行增发，之所以增发是因为其条件满足增发且增发被视为摇钱树。

定向增发是最常见的增发类型。2015 年以来，A 股上市公司再融资热情持续高涨，但 6 月中旬以来，伴随 A 股持续震荡，上半年活跃的定增市场也受到一定程度的影响，上市公司定向增发面临重大考验，近期不少公司纷纷宣布终止定增计划，也有部分公司因定增项目势在必行，不得已选择对定增价格及规模进行调整。2015 年以来截至 7 月 31 日，A 股共有 241 家上市公司实施定向增发，融资金额总计 4 386 亿元。被简称为“定增”的定向增发只针对特定的投资者，同时也是非公开发行的重要形式。“定增”主要有两种方式：其一，向希望成为战略投资人甚至控股股东的机构投资者非公开发行，这种方式打破了只能通过购买其他投资者持有的股份才能实现战略投资意图的局限，另外，这种权益转让只发生在大型投资者之间，无法实现上市公司股权结构优化和规模的快速扩张；其二，出于并购的目的，向并购对象发行股份，或结合支付现金对价的方式，实现公司横向或纵向的快速规模扩张。定向增发一直是上市公司最主要的融资方式。牛市中增发股票，一级市场和二级市场之间价差引发的股价高估是吸引投资者的重要原因。

增发一向与高送转、操纵股价等相伴随，非议较多。高比例的送红股或者转增股票通常被称为高送转。高送转完成前后，净资产收益率不发生实质变动，公司的盈利能力也并没有发生任何实质性变化，因此，其实质无非就是发生在内部的股东权益的结构调整。公司股价将在“高送转”方案实施日做除权处理，这意味着，股价将随着投资者股票持有数量的增加而相应地调整，目的就是保持投资者原有的持股比例，当然，还有一项也未发生变动，就是投资者所持股票的总价值。在中国资本市场不长的历史中，增发往往被视为“圈钱”，具体而言，“中国股市圈钱模式”有被普遍认可的模式。首先从操纵利润开始，利润在账面上的提升将带来股价提升，公司进而借机增发（或配股），股权再融资取得的现金又可提高信用等级，于是，可用银行信贷也将随之增多，这又为下一波的利润操纵创造了条件，至此进入下一循环的圈钱模式，除非市场理性地识别了这样的循环机制或市场监管者通过制度设定降低这种循环发生的可能性。因此，用“造假”就可以概括通过增发展开的“圈钱”行动。这是典型的信息交易者利用信息优势，借助正反馈交易者的跟风行为，操纵股价大幅波动，获取超额收益的行为。先是大量购买公司股票，造成公司股价持续上涨的假象，引导股民预期，然后定向增发，使得利益相关者获得高额回报，进而再继续操作股价持续拉高，之后在股价高位慢慢卖出股票套现。

Baker 和 Wurgler（2002）在理论上解释了与中国股市通过增发等股权再融资方式“圈钱”不同且具有正面意义的情形，提出在非理性的市场环境下，理性的经理人将选择恰当的时机发售股票，即为“市场择时（Market Timing)”。具体而言，理性经理人一般将选择在企业股价冲高时，把握投资者热情高涨的时机尽可能多地发售股票。相反，回购股票将成为他的理性选择。管理者从市场的非理性获利的融资逻辑，也同样会被应用于企业的投资过程。但问题是，这样的逻辑将促使管理者实施融资与投资间的多重映射，也就是说，企业借助股价高估融取了额外的资金，而这些资金可以不必完全用于实体投资，而是有从事证券投机或套利的可能。

事实上，增发的融资不一定用来实际投资。托宾 q 值理论认为，股票价格反映了资本的边际产出，投资应该与托宾 q 值保持完全敏感性，时刻达到边际收益等于边际成本。而 Keynes（1936）认为不同资本形式的融资成本不同，这就暗示了在股价高估时，发行股票的成本低于信贷等其他途径的融资成本，此时应该多发股票。因此，一个简单的逻辑关系就形成了，在股价高估时，公司应该发行新股，并用于投资，直至边际收益等于边际成本。那么问题来了，发行新股是否一定用于投资？投资数量达到边际收益等于边际成本时投资是否过度了？Campello 和 Graham（2013）认为在股价高估时发行新股，只是对老股东有利，老股东可以在二级市场出售股票获得更多利益，而新股东在高价买了一个实质低价值的股票，是不利的。尤其是在公司没有融资约束，目前投资水平已经是最优值时，新股东实际是获得了净现值为负值的资产。实证发现，对于没有融资约束的公司，他们不会在股价高估时发行新股，而有融资约束的公司则会发行新股，同时发行新股收益一部分用来实际投资，一部分也会通过现金和有价证券的形式储蓄起来。因此，融资约束是股价高估时是否增发股票的关键，而且增发收益未必都用来实际投资支出。

托宾 q 值理论认为，股价高估影响投资的中间机制是股票增发。检验托宾 q 值理论的中国实用性，自然要进一步检验这一作用机制。可以分为两步：一是股票高估是否促进增发，二是增发企业是否更多地投资。

第一步，检验托宾 q 值是否影响股票增发，使用 logit 方法回归，方程（4-2）所示；第二步，检验股票增发是否促进了实际投资，使用固定效应 FE 方法回归，方程（4-3）所示。回归结果，如表 4-6 所示。

$$\ln[\Pr(SEO)/(1-\Pr(SEO))] = \alpha + \beta q + \delta Control + \varepsilon \quad (4-2)$$

$$Invest = \alpha + \beta SEO + \delta Control + \varepsilon \quad (4-3)$$

**表 4-6　股价高估对投资支出影响的机制检验**

| | (19)<br>*SEO* | (20)<br>*SEO* | (21)<br>*Invest*1 | (22)<br>*Invest*2 | (23)<br>*Invest*3 |
|---|---|---|---|---|---|
| *q* | 0.089** | 0.028** | | | |
| | (0.036) | (0.013) | | | |
| *SEO* | | | 0.002** | 0.081** | 0.002* |
| | | | (0.001) | (0.039) | (0.001) |
| *Size* | | 1.428*** | 0.099*** | 0.508*** | 0.018*** |
| | | (0.146) | (0.007) | (0.101) | (0.005) |
| *ROA* | | −1.060 | 0.376*** | 0.982*** | 0.058*** |
| | | (1.182) | (0.025) | (0.344) | (0.016) |
| *Sales* | | −0.569*** | −0.061*** | −0.254*** | −0.015*** |
| | | (0.123) | (0.006) | (0.086) | (0.004) |
| *Debt* | | −1.109** | 0.027 0 | 0.505* | −0.016 0 |
| | | (0.474) | (0.020) | (0.267) | (0.013) |
| *Cash* | | −0.952** | −0.218*** | −1.379*** | −0.111*** |
| | | (0.483) | (0.016) | (0.220) | (0.010) |
| *CF* | | −0.661 | −0.020 0 | −0.478 | 0.051*** |
| | | (0.824) | (0.022) | (0.293) | (0.014) |

（续）

| | (19) SEO | (20) SEO | (21) Invest1 | (22) Invest2 | (23) Invest3 |
|---|---|---|---|---|---|
| Board | | −1.856 | −0.001 00 | 0.815 | −0.025 0 |
| | | (1.172) | (0.043) | (0.587) | (0.028) |
| Boss | | 0.095 0 | 0.007 00 | −0.034 0 | 0.003 00 |
| | | (0.126) | (0.005) | (0.070) | (0.003) |
| State | | −0.033 0 | −0.009 00 | −0.074 0 | −0.012 0 |
| | | (0.163) | (0.012) | (0.159) | (0.007) |
| 行业 | 否 | 是 | 是 | 是 | 是 |
| 个体 | 否 | 否 | 是 | 是 | 是 |
| 年份 | 否 | 是 | 是 | 是 | 是 |
| Cons | −2.101*** | −32.40 | −0.617*** | −4.325** | 0.104 |
| - | (0.095) | (546.082) | (0.128) | (1.729) | (0.081) |
| N | 4 194 | 3 489 | 3 515 | 3 515 | 3 514 |
| R - squared | 0.002 6 | 0.084 1 | 0.217 0 | 0.048 7 | 0.199 0 |

注：括号中报告的是稳健标准差。“是”表示控制了相关变量。模型（19）和（20）的 R - squared 是调整后的 $R^2$，模型（21）-（23）的 R - squared 是组内 $R^2$。*、**、*** 分别表示 10%、5%和 1%的显著性水平。

从模型（19）和（20）的回归结果可以看出，托宾 q 值增大时增发股票的可能性显著增大，即高估的股票更容易出现增发。而与 q 值对投资支出的影响相似，q 值对增发的影响系数也不大，但是很显著。进一步地，这个增发带来了企业的实际投资吗？答案是肯定的。通过模型（21）-（23）3 个模型分别对 3 个投资指标做出检验，其结果都是显著为正的。而其他控制变量对投资的影响，与上文结果相似，在此不再赘述。至此，假说 2：股价影响投资的中间机制是股票增发，得到验证。

## 二、股市行情和企业估值水平的分组固定效应回归

上文的分析是对托宾 q 值提出的股价高估影响投资的中间机制做出检验，即对托宾 q 值的逻辑链条做了全面直接的验证，既考虑股价事实和投资结果的检验，又分析了二者中间的股票增发环节：是否增发，增发后是否增

加投资。

下面我们从侧面再次验证股价高估影响投资的机制，是对托宾 q 值逻辑链条的佐证。具体思路是，如果托宾 q 值关于股价影响投资的机制分析是正确的，那么对于不同行情和不同估值下的企业，其作用效果应该是有差异的，如果我们验证了确实存有差异性，那么就间接证明了这个作用机制。下面，我们对股市行情和估值水平不同的企业做分组固定效应回归。

一方面，股市行情有上涨和下跌，不同行情下股价对投资的影响可能是不同的：行情好的时候容易股价虚高，投资者和上市公司呈现乐观扩张态势，增发会比较多，但是用于短期资本市场的投资也可能较多，用于实体经济的投资可能较少。在行情差的时候增发可能更容易转化为实际投资，行情差时企业股票高估更能代表市场对该企业的认可，企业获得的增发融资投向资本投资获利少，而这些高质量的公司更可能正好具有一些高价值的实体投资的机会。因此，有必要区别市场行情对企业投资做分组回归。

行情分组的原理可以借鉴宋建波和魏心茹（2013）对股指上涨、股指下跌和股指振荡 3 个子样本展开的研究。其研究显示，股市指数波动制约公允价值持有损益与公司股价之间的关系。具体而言，公允价值持有损益在股市指数上涨的年份与公司股价显著正相关；公允价值持有损益在股市指数下跌和振荡的年份与公司股价显著负相关。实证研究中，他们将 2007 年、2009 年的深证成指和上证综指认定为上涨；下跌趋势发生于 2008 年和 2011 年；2010 年以振荡走势为主。而本书更强调市场行情好和差两种情形的对比，因此对于股指振荡的类型不做讨论。为了使对比更加鲜明，我们选择 2007 年前后股价大涨和大跌为分界，2006 年初一直到 2007 年 10 月，中国股市从 1 000 多点涨到了 6 000 多点，涨幅不可谓不大。2005 年股指略微下跌，2008 年股市大幅下滑，它们一个是大涨前的沉寂，一个是大涨后的大跌。故而，我们选择 2005—2008 年的样本做实证样本，2005 年和 2008 年作为股指下跌行情，2006 年和 2007 年作为股指上涨行情，对比两组行情下，股价高估对投资的影响的差异。

另一方面，企业股价有高估和低估情况。根据托宾 q 值理论以及上文的理论模型，在高估的时候股价对投资的影响更加明显。高估的公司会倾向于增发股票和投资。当然，这不是说低估的公司不会增发股票，它可能因为别的原因增发股票。同时，低估的公司较少增发股票，但并不意味着低估的公司会缩减投资。也就是说，高估时股价促进投资，低估时股价对投资影响不大，不一定是抑制投资的。也即，从高估和低估两组来看，股价误估对投资的影响也许不是线性一致的，需要区别对待。而对于理论的检验，更看重股市高估的情形。因此，我们预期对于股价高估的公司，相比全部样本而言，股价对投资支出的影响更大更显著。

股价的高估可以是托宾 q 值大于 1，也可以是剥离基本面后的股价偏差为正，还可以是高于行业均值或大盘走势，表示方法多样。因为本书是建立在托宾 q 值理论基础上的，因此采用托宾 q 值的标准。同时，与行情分组相似，企业分组也不是采用全样本，而是尽可能多地使用更加高估的样本，同时为了避免样本太少，我们把托宾 q 值＞2 的公司认定为高估，把托宾 q 值＜2 的认定为非高估公司。

按照市场行情分组的回归结果如表 4－7 所示。模型（24）－（26）是行情较好时的托宾 q 值对投资支出的影响，而模型（27）－（29）是行情较差时的托宾 q 值对投资支出的影响，前者是使用 2006 年和 2007 年两年的样本，后者是使用 2005 年和 2008 年两年的样本，两组行情时间紧凑，可比性强。我们发现，因为 2005 年是中小板成立的第二年，时间较早，公司数量较少，2005 年只有 50 家样本公司，2006 年只有 117 家，而到 2008 年才 273 家。因此，选择 2005—2008 年这个股市行情周期来检验相关结论的一个缺点是，样本数相对较少。扣除各主要变量空缺值后，行情好的样本有 150 个，行情差的样本有 238 个。比较两组行情下，q 值对 3 个投资支出指标的影响系数，后者的系数更大、显著性更强。这就证明了在行情不好时，企业的股价被高估时才是真正的好公司，其更加需要资金去投资高价值的实体项目。

**表 4－7　股价高估对投资支出影响的机制检验：行情分组**

| | (24)<br>*Invest*1 | (25)<br>*Invest*2 | (26)<br>*Invest*3 | (27)<br>*Invest*1 | (28)<br>*Invest*2 | (29)<br>*Invest*3 |
|---|---|---|---|---|---|---|
| *q* | 0.013* | 0.007 | 0.002* | 0.014** | 0.010*** | 0.011** |
| | (0.007) | (0.010) | (0.001) | (0.007) | (0.003) | (0.005) |

（续）

| | (24) Invest1 | (25) Invest2 | (26) Invest3 | (27) Invest1 | (28) Invest2 | (29) Invest3 |
|---|---|---|---|---|---|---|
| *Size* | 0.322** | 2.532* | 0.086 | 0.134** | 0.715 | 0.090* |
| | (0.126) | (1.402) | (0.068) | (0.060) | (0.429) | (0.052) |
| *ROA* | 0.200 | 1.551 | 0.304 | 0.096 0 | 2.420 | −0.036 |
| | (0.484) | (5.390) | (0.263) | (0.247) | (1.770) | (0.213) |
| *Sales* | −0.175 | −1.101 | −0.026 | −0.151** | −1.155** | −0.132** |
| | (0.125) | (1.394) | (0.068) | (0.071) | (0.508) | (0.061) |
| *Debt* | 0.349 | 3.151 | 0.160 | 0.381** | 3.247** | −0.014 |
| | (0.249) | (2.775) | (0.135) | (0.167) | (1.200) | (0.144) |
| *Cash* | −0.377 | −0.591 | −0.146 | −0.043 | 0.202 | −0.029 |
| | (0.240) | (2.668) | (0.130) | (0.159) | (1.139) | (0.137) |
| *CF* | −0.252 | −4.389* | −0.002 00 | 0.146 | 0.919 | 0.408 |
| | (0.227) | (2.529) | (0.123) | (0.331) | (2.374) | (0.285) |
| *Board* | 0.407 | 6.447 | 0.232 | 0.275 | 1.266 | 0.077 |
| | (0.429) | (4.777) | (0.233) | (0.324) | (2.325) | (0.280) |
| *Boss* | 0.019 | 0.300 | 0.042 | 0.004 | 0.165 | −0.001 |
| | (0.064) | (0.712) | (0.035) | (0.052) | (0.373) | (0.045) |
| *State* | −0.162 | −1.443 | −0.056 | 0.005 | 0.150 | −0.096 |
| | (0.113) | (1.258) | (0.061) | (0.100) | (0.716) | (0.086) |
| 行业 | 是 | 是 | 是 | 是 | 是 | 是 |
| 个体 | 是 | 是 | 是 | 是 | 是 | 是 |
| 年份 | 是 | 是 | 是 | 是 | 是 | 是 |
| *Cons* | −3.280 | −33.27 | −1.273 | 0.105 | 7.128 | 0.966 |
| | (2.475) | (27.540) | (1.342) | (1.047) | (7.511) | (0.903) |
| *N* | 150 | 150 | 150 | 238 | 238 | 238 |
| *R* - squared | 0.455 5 | 0.329 3 | 0.271 0 | 0.448 9 | 0.419 4 | 0.619 4 |

注：括号中报告的是 Bootstrap 稳健标准差。“是”代表控制了相关变量。*R* - squared 表明了组内 $R^2$。*、**、*** 分别代表 10%、5%和 1%的显著性水平。

按照企业股价高估和低估分组的回归结果如表 4-8 所示。模型（30）-（32）是高估企业的托宾 q 值对投资支出的影响，而模型（33）-（35）是低估企业的托宾 q 值对投资支出的影响。前者观测值是 1 521 个，后者则是 1 994个，高估企业略少于低估企业。比较两组，q 值对 3 个投资支出指标的影响系数，前者（高估公司）的系数更大、显著性更强。这就证明了在企业股价高估时，企业更倾向于增发股票和投资，与托宾 q 值的假说一致。假说 2 得到进一步确认。

**表 4-8 股价高估对投资支出影响的机制检验：企业分组**

| | (30)<br>*Invest*1 | (31)<br>*Invest*2 | (32)<br>*Invest*3 | (33)<br>*Invest*1 | (34)<br>*Invest*2 | (35)<br>*Invest*3 |
|---|---|---|---|---|---|---|
| *q* | 0.003*** | 0.028 7** | 0.019*** | 0.002 | 0.061** | 0.009* |
| | (0.001) | (0.121) | (0.005) | (0.006) | (0.030) | (0.005) |
| *Size* | 0.091*** | 0.461*** | 0.013 | 0.083*** | 0.803*** | 0.040*** |
| | (0.013) | (0.145) | (0.008) | (0.011) | (0.168) | (0.007) |
| *ROA* | 0.351*** | 1.185** | 0.162*** | 0.190*** | 2.396*** | 0.115*** |
| | (0.049) | (0.562) | (0.031) | (0.060) | (0.917) | (0.039) |
| *Sales* | −0.053*** | −0.258** | −0.011* | −0.064*** | −0.430*** | −0.032*** |
| | (0.010) | (0.119) | (0.007) | (0.010) | (0.148) | (0.006) |
| *Debt* | 0.046 | 1.003*** | 0.027 | 0.067** | 0.796* | −0.015 |
| | (0.034) | (0.386) | (0.021) | (0.029) | (0.452) | (0.019) |
| *Cash* | −0.222*** | −1.150*** | −0.109*** | −0.217*** | −1.725*** | −0.108*** |
| | (0.025) | (0.283) | (0.016) | (0.028) | (0.423) | (0.018) |
| *CF* | −0.048 | −0.698 | 0.010 | 0.006 | −0.583 | 0.042** |
| | (0.040) | (0.460) | (0.025) | (0.027) | (0.420) | (0.018) |
| *Board* | 0.046 | −0.081 | −0.032 | −0.043 | 0.621 | −0.061 |
| | (0.075) | (0.863) | (0.048) | (0.058) | (0.893) | (0.038) |
| *Boss* | 0.023** | 0.070 | 0.008 | −0.012* | −0.224** | −0.006 |
| | (0.009) | (0.106) | (0.006) | (0.007) | (0.107) | (0.005) |
| *State* | −0.012 | −0.182 | 0.004 | −0.019 | −0.019 | −0.028** |
| | (0.020) | (0.223) | (0.012) | (0.017) | (0.258) | (0.011) |

（续）

| | (30) Invest1 | (31) Invest2 | (32) Invest3 | (33) Invest1 | (34) Invest2 | (35) Invest3 |
|---|---|---|---|---|---|---|
| 行业 | 是 | 是 | 是 | 是 | 是 | 是 |
| 个体 | 是 | 是 | 是 | 是 | 是 | 是 |
| 年份 | 是 | 是 | 是 | 是 | 是 | 是 |
| *Cons* | −0.862*** | −6.607** | −0.026 0 | −0.197 | −7.086** | 0.102 |
| | (0.239) | (2.737) | (0.151) | (0.192) | (2.946) | (0.125) |
| *N* | 1 521 | 1 521 | 1 520 | 1 994 | 1 994 | 1 994 |
| *R* - squared | 0.206 0 | 0.078 5 | 0.197 3 | 0.137 9 | 0.057 8 | 0.247 0 |

注：括号中报告的是 Bootstrap 稳健标准差。“是”代表控制了相关变量。*R* - squared 是组内 $R^2$。*、**、*** 分别代表 10%、5%和 1%的显著性水平。

## 第五节　稳健性检验

关于公司治理和公司金融的实证研究，都绕不开内生性问题。这是因为，公司层面的各种因素存在互为因果的情况。股价高估可能对投资产生了影响，事实上，反向的可能也存在。例如，投资者对于公司新的投资项目预期，这个投资预期提前被市场捕捉并消化，表现为机构和个人投资者大量买进使得股价上涨。有文献表明，再融资对股价高估也有反向作用。在股权再融资过程中，上市公司进行盈余管理主要有两个显而易见的好处：一是获得有利的发行时机，二是获得更多的发行收益（Alti 和 Sulaeman，2012）。另外，控股股东在股权再融资过程中的盈余管理行为对市场而言无异于噪声信息，必将干扰股价变动，并降低股价同步性（罗琦和付世俊，2015）。这就等于减弱了个股股价随市场波动的趋势，控股股东亦将更便利地操控股价，诱导股价上涨进而创造更加有利的再融资时机。

处理内生性问题是所有微观计量面临的重要难题，也是公司金融实证必须克服的难点。有学者甚至认为，不解决内生性问题，公司金融的实证就没有任何意义。因此，本书使用两种方法处理内生性：GMM 和 PSM。

## 一、动态面板 GMM 检验

本年度公司投资可能受到上年度投资的影响，这一思想最早体现在 Engle（1982）和 Bollerslev（1986）创立的广义 ARCH 模型中，并在金融学和经济学各领域得到了广泛应用。为此，我们在解释变量中控制了上年度公司投资，作为以上结论的一个稳健性检验。此外，由于上年度公司投资是内生变量，为了解决内生性问题，我们使用由 Blundell 和 Bond（1998）以及 Arellano 和 Bover（1995）引入的系统 GMM 估计方法。系统 GMM 的基本思想是，一方面，固定效应通过一阶差分方法消除，差分项的工具变量以解释变量的水平滞后项表示；另一方面，引入水平方程的矩条件约束来增加工具变量的数目，以弥补当被解释变量接近随机游走时，水平滞后项对未来信息传递的不足所引致的弱工具变量问题。本书的主要估计方法是由 Roodman（2009）开发的基于 STATA 软件的两步系统 GMM 估计程序。使用序列相关和异方差稳健的标准差估计完成统计检验。其实，最早是使用期初的变量作为工具变量的方式简化系统 GMM 的处理，之所以这样做是因为之后的被解释变量不能倒过来影响之前的解释变量，在时间上是不可能实现的，而期初的解释变量会影响到之后的被解释变量，期初的解释变量与之后的被解释变量高度相关。而且，还有文献干脆把解释变量滞后一项，以此排除反向因果。不论是期初的还是滞后一项的解释变量都是很好的工具变量。而系统 GMM 则把滞后项和差分项等都作为工具变量，科学性和准确性进一步提高了。

引入公司投资支出的滞后项后，使用系统 GMM 方法的估计结果如表 4－9的模型（36）－（38）所示。结果表明上年度投资支出对本年度投资呈显著正向作用，去年的高投资会带动今年继续做大。由此容易发现，上年度投资支出的系数分别为 0.011、0.006 和 0.354，且三者均在 5%以上的置信水平上显著。由此可见，历史积累具有滞后影响，其对投资支出的影响应在考察之中。此基础上，托宾 q 值对投资支出的影响方向都未发生变化，只是影响程度略有改变。同时，许多控制变量在动态面板回归中都变得不再显著或显著性降低，例如模型（38）的控制变量系数显著性明显降低了，其原因很可能是上年度投资支出吸收了这些控制变量对投资的影响。其实，我们更关注的是，通过系统 GMM 处理了内生性后，托宾 q 值的系数依然是那么显著，证明了上文实证发现的稳健性。

**表 4-9　稳健性检验：GMM**

| | (36)<br>*Invest*1 | (37)<br>*Invest*2 | (38)<br>*Invest*3 |
|---|---|---|---|
| *L. invest*1 | 0.011** | | |
| | (0.004) | | |
| *L. invest*2 | | 0.006** | |
| | | (0.002) | |
| *L. invest*3 | | | 0.354*** |
| | | | (0.025) |
| *q* | 0.001** | 0.049* | 0.003*** |
| | (0.000) | (0.029) | (0.001) |
| *Size* | 0.110*** | 1.070*** | 0.012 |
| | (0.013) | (0.146) | (0.008) |
| *ROA* | 0.360*** | 0.404* | 0.103*** |
| | (0.055) | (0.207) | (0.038) |
| *Sales* | −0.064*** | −0.364*** | −0.010 |
| | (0.011) | (0.113) | (0.006) |
| *Debt* | 0.085*** | 1.194*** | −0.035** |
| | (0.031) | (0.321) | (0.017) |
| *Cash* | −0.181*** | −1.259*** | −0.068*** |
| | (0.023) | (0.294) | (0.013) |
| *CF* | −0.030 | −0.634** | −0.008 |
| | (0.027) | (0.267) | (0.016) |
| *Board* | −0.025 | 0.058 | −0.015 |
| | (0.057) | (0.560) | (0.038) |
| *Boss* | −0.008 | −0.001 | 0.000 |
| | (0.007) | (0.074) | (0.004) |
| *State* | 0.035*** | 0.096 | 0.006 |
| | (0.013) | (0.100) | (0.008) |

（续）

| | （36）<br>*Invest*1 | （37）<br>*Invest*2 | （38）<br>*Invest*3 |
|---|---|---|---|
| 行业 | 是 | 是 | 是 |
| 个体 | 是 | 是 | 是 |
| 年份 | 是 | 是 | 是 |
| *Cons* | −0.833*** | −13.646*** | 0.110 |
| | (0.215) | (2.905) | (0.127) |
| *N* | 2 832 | 2 832 | 3 484 |
| *AR*（2） | 0.401 | 0.383 | 0.549 |
| *Hansen* | 0.238 | 0.590 | 0.867 |

注：括号中报告的是稳健性标准差。“是”表示控制了相关变量的固定效应。***，**，* 分别代表1%，5%和10%的显著性水平。*AR*（2）表示二阶序列相关的 Arrelano－Bond 检验的 $p$ 值，该检验的原假设与误差项的一阶差分不存在序列相关。*Hansen* 表示工具变量有效性的 *Hansen* 检验的 $p$ 值，该检验的原假设为所选取的工具变量满足矩条件。

## 二、倾向得分匹配（PSM）检验

无论是从理论上分析，还是基于已有的研究成果，股价高估的公司可能就是具有更多现金流、更多潜在投资项目、更强有力向外扩张的CEO。也可能不是因为股价高估而去增发股票和投资，而是因为投资预期推高了股价。投资者看到了企业的成长性而高价买入其股票。我们认为，研究股价高估是否起到促进投资的作用，关键是要选择一个合理的评判基准，在大程度上克服股价高估与投资之间的内生性，而这个基准要以是否股价高估为依据，创造出与股价高估“相仿”的未被高估的股票，继而通过比较这两类股票的表现，得出股价高估对投资所能发挥出的“净”影响。股市上下波动导致公司投资多少的高低，也有可能是机构和个人投资者事先识别了投资，进而用脚投票导致股价的波动。因此，与史永东和王谨乐（2014）类似，也可以使用PMS方法做稳健性检验。

PSM模型的基本思想是，比较同一只股票在“高估”与“非高估”两种状态下的投资差异，既然是比较同一公司在不同持有状态下的差异，我们便可以认为这种差异是由股价高估引起的。当然，这种检验思路是一个不可观测的理想情况，因为同一公司无法同时处于两种不同的状态。PSM 方法解决这一“反事实”问题的思路是，如果能够找到与被高估“相仿”的未被高估的股票，那么就可以通过对比二者的投资差异来检验高估是否起到促进投资的作用。

本书采用 Rosenbaum 和 Rubin（1983）提出的“倾向得分匹配”方法（PSM），其优点是把实验组和控制组进行多元匹配，使之尽可能的相似，有效地降低样本选择偏误。PSM 方法对多元匹配的实现方式是：把是否实验（如本书的股价高估）对样本全体的各个特征变量进行 logit（或 probit）回归，求得倾向得分值（propensity score，简称 PS 值），然后根据 PS 值并按照一定的匹配原则给每个实验组样本找到对应的个体特征相似的控制组样本，进而通过对两组样本的比较来辨别是否实现对个体的影响。

我们使用 PSM 方法对股价高估的样本和全样本进行多元匹配，进而比较实验组和控制组在股价高估与否两种情形下的投资差异，即求得股价高估对公司投资的平均处置效应（ATT）。具体做法是：第一，使用全样本对方程（4－4）进行估计，得到每家公司股价高估的倾向得分（PS 值）；第二，使用最近邻匹配法，前向或后向寻找与股价高估样本的 PS 值最为接近的匹配对象，作为控制组；第三，比较两组样本的公司投资，以此判断股价高估对公司投资的影响。

$$\ln[\Pr(Gao)/(1-\Pr(Gao))]=\beta+\delta Control+\varepsilon \quad (4-4)$$

式中，$Gao$ 表示企业股价高估与否的虚拟变量，采用上文的方式，托宾 q 值大于 2 的视为高估，取值为 1，否则取值为 0。

PSM 分析的具体步骤如前文所述，使用模型（4－4）求得每一家公司的 PS 值，进而根据最近邻匹配原则进行样本匹配，并使用公司固定资产净值占总资产的比例（Invest1）表示投资支出，最后比较匹配前后的公司投资差异，结果如表 4－10 所示。匹配前的样本是指没有根据 PS 值把实验组和控制组进行配对，直接对全体样本做分析，来比较和判断股价高估对公司投资支出的影响，表中的 ATT 值就表示股价高估对投资支出的影响，可见它是正的，但不显著。由于股价高估与否的投资差异不仅仅是股价高估带来的，必须控制其他因素，也就是说必须找到与实验组特征最为相似而仅仅在股价高估上有差异的样本，这就是我们根据 PS 值配对后得到的匹配后的样本。对于匹配后的样本，公司投资支出差异的原因基本上可以归结为股价高估。可以看出，使用PSM方法把股价高估和非高估的公司进行多元匹配后，股价高估对公司投资支出的平均处置效应（ATT）显著为正，表明股价高估确能有效提升上市公司的投资。

**表 4 - 10　稳健性检验：PSM**

| | 实验组 | 控制组 | ATT | 标准差 | $t$ 值 |
|---|---|---|---|---|---|
| 匹配前 | 0.001 2 | 0.001 0 | 0.000 2 | 0.000 3 | 0.71 |
| 匹配后 | 0.001 2 | 0.000 8 | 0.000 4 | 0.000 1 | 7.16*** |

注："匹配前"指未实施倾向得分配对前的样本，"匹配后"指进行实施倾向得分配对后的样本。"实验组"和"控制组"分别表示股价高估和非高估的公司。*、**、***分别表示10%、5%和1%的显著性水平。标准差采用自抽样法（Bootstrap）反复抽样500次得到。

此外，本书还做了其他检验：①对一些变量做了Winsor处理：负债率大于1的数值都归并为1；资产收益率大于1（或小于－1）的都归并为1（或－1）。②公司总资产和托宾q值在上下1%分位数进行截取。③对于是否增发和增发的影响，使用2010—2014年样本做平衡面板数据回归，都得到了相似的结论。

## 第六节　上市企业投资支出的归因分析
## ——融资约束和信贷替代

托宾q值理论提供了一种有关股票价格和投资支出相互关联的理论。如果q超过1，意味着企业的市场价值与资本的重置成本相比要更高，企业的市场价值可换取更多的新厂房设备。也就是说，如果公司发行一定数量的股票，那么融得的资金就可以购买到更多的资本产品，即提高了投资支出。如果q值是相反的情况，意味着资本的重置成本与企业的市场价值相比要更高，购买新的投资品将很不划算。相比而言，购买其他较便宜的企业而获得旧的资本品则更经济，于是降低投资支出。其货币政策含义可概括为：股票价格因货币供应量上升而提高后，企业的托宾q值也将上升，企业投资的扩张也随之而来，最终表现为国民收入的提高。因此，托宾q值理论表现出较强的货币性。那么，问题是股价高估对投资影响的根由是否只是货币现象，只是融资资金的自由配置？在宏观层面，检验 M2 和股指的关系可以验证这一问题。而在微观企业层面，企业的货币问题表现在两个方面：一是货币的资金成本，表现为融资约束或股权依赖，二是其他来源资金的充足性，主要是银行信贷和商业信用。因此，我们分别检验资金成本和信贷替代在股价高估影响投资方面的作用，探究根由，是为归因。

我们选择从货币主义的视角来判断股价高估影响投资的原因。宏观上看，货币主义的思路是：货币增发引起股价、物价等虚高，而不一定影响实际变量。这个可以从 M2、股市指数、社会固定资产投资 3 个指标的相关性来判断。然而，本书选择的是微观企业的视角，波动和投资都是一个个企业的具体数值，所以，这个微观大数据使得我们可以进行更细致的实证检验。同时，需要指出的是，股市与宏观经济的偏离，使得宏观上 M2 与股市及投资的相关性并不强。

从微观上，如何判断货币主义在其中的逻辑根由呢？这需要从企业的货币出发，即企业的资本成本和资金充足性（或者说信贷替代）。如果股市资金成本低，并且当前资金不充足，自然需要抓住高估机会增发和投资。

股价高估影响投资的一个可能原因是股价高估时增发股票获得融资的资金成本低，低成本的资金当然要去融资，融来之后要去投资。参考 Kaplan 等（1997）、Baker 等（2003），使用杠杆率代表股权依赖程度。刘端和陈收（2006）使用 5 个变量的因子分析，综合因子来代表股权依赖程度，主要指标也是杠杆率。我们使用长期负债率（Lev）作为资本成本的代理变量，Lev 越小说明股权依赖程度越高。如果资本成本确实是股价高估促进投资的一个原因，那么我们预期托宾 q 值和长期负债率 Lev 的交互项为负，即 Lev 越小负债的资金成本越高，越是依赖股权融资，股价高估时越是会增发股票筹得资金去投资本该投资但是没钱投资的项目。

与上面对于资本成本的分析相似，如果只是货币之间的挪用，那么信贷资金和股市再融资之间必然存在替代关系。股价高估带来投资的一个原因就是信贷不足，或者说信贷不足的企业会表现得更显著。关于信贷（Credit）我们使用银行信用和商业信用的和来表示，并使用短期借款测度银行信用（Credit1），使用应付账款测度商业信用（Credit2）。预期托宾 q 值和信贷 Credit 的交互项为负，即信贷水平越低，越是依赖股市增发，股价高估带来的投资效应就越明显。

实证结果符合预期，如表 4－11 所示。模型（39）－（41）是在基本模型基础上加入长期负债率（Lev）以及其与 q 的交互项作为控制变量的固定效应（FE）回归模型，模型（42）－（44）是在基本模型基础上加入信贷（Credit）以及其与 q 的交互项作为控制变量的固定效应（FE）回归模型。在模型（39）－（44）所列示结果中 q 的系数都是正的，且显著。长期负债率和信贷水平的系数都是负的，除了模型（39）和（43）不显著外，其他系数都是显著的。而更为关键的是，它们两个与托宾 q 值的交互项，在计量中交互项用来判断二者是互补还是替代关系的重要方式。我们发现，交互项的系数大都显著为负，表明正如我们所预期的，资本成本和信贷是股价高估影响投资的主要原因，股市融资是对其他融资途径的替代。因此，相对于非股权依赖的企业，股权依赖企业的投资对股价高估更敏感。至此，研究假说 3：对于股权依赖的公司，股价高估更可能带来投资的增加得到验证。

**表 4－11　企业投资支出归因分析的回归结果**

| | (39)<br>*Invest*1 | (40)<br>*Invest*2 | (41)<br>*Invest*3 | (42)<br>*Invest*1 | (43)<br>*Invest*2 | (44)<br>*Invest*3 |
|---|---|---|---|---|---|---|
| *q* | 0.004** | 0.038* | 0.004*** | 0.003* | 0.057** | 0.001** |
| | (0.002) | (0.021) | (0.001) | (0.002) | (0.027) | (0.000) |
| *Lev* | −0.040 | −0.247** | −0.121*** | | | |
| | (0.045) | (0.114) | (0.029) | | | |
| *Credit* | | | | −0.070** | −0.241 | −0.094*** |
| | | | | (0.034) | (0.458) | (0.021) |
| *q*×*Lev* | −0.044*** | −0.509** | −0.010* | | | |
| | (0.017) | (0.229) | (0.006) | | | |
| *q*×*Credit* | | | | −0.042*** | −0.068 0 | −0.029*** |
| | | | | (0.009) | (0.118) | (0.005) |
| *Size* | 0.088*** | 0.587*** | 0.018*** | 0.086*** | 0.582*** | 0.025*** |
| | (0.008) | (0.103) | (0.005) | (0.008) | (0.103) | (0.005) |
| *ROA* | 0.382*** | 0.797** | 0.039** | 0.365*** | 0.766** | 0.063*** |
| | (0.026) | (0.349) | (0.016) | (0.026) | (0.354) | (0.016) |

（续）

| | (39) *Invest*1 | (40) *Invest*2 | (41) *Invest*3 | (42) *Invest*1 | (43) *Invest*2 | (44) *Invest*3 |
|---|---|---|---|---|---|---|
| *Sales* | −0.056*** | −0.262*** | −0.012*** | −0.057*** | −0.264*** | −0.016*** |
| | (0.006) | (0.087) | (0.004) | (0.006) | (0.086) | (0.004) |
| *Debt* | 0.011 | 0.306 | −0.035*** | 0.045* | 0.641* | 0.002 |
| | (0.020) | (0.276) | (0.013) | (0.024) | (0.333) | (0.016) |
| *Cash* | −0.219*** | −1.395*** | −0.115*** | −0.224*** | −1.427*** | −0.111*** |
| | (0.016) | (0.220) | (0.010) | (0.016) | (0.222) | (0.010) |
| *CF* | −0.020 | −0.512* | 0.045*** | −0.012 | −0.514* | 0.041*** |
| | (0.022) | (0.294) | (0.014) | (0.022) | (0.295) | (0.014) |
| *Board* | −0.001 | 0.792 | −0.018 0 | 0.009 | 0.853 | −0.027 |
| | (0.043) | (0.587) | (0.027) | (0.043) | (0.587) | (0.027) |
| *Boss* | 0.006 | −0.035 | 0.003 | 0.006 | −0.033 0 | 0.000 |
| | (0.005) | (0.070) | (0.003) | (0.005) | (0.070) | (0.003) |
| *State* | −0.011 | −0.068 | −0.013* | −0.007 | −0.064 | −0.013* |
| | (0.012) | (0.160) | (0.007) | (0.012) | (0.160) | (0.007) |
| 行业 | 是 | 是 | 是 | 是 | 是 | 是 |
| 个体 | 是 | 是 | 是 | 是 | 是 | 是 |
| 年份 | 是 | 是 | 是 | 是 | 是 | 是 |
| *Cons* | −0.471*** | −5.641*** | 0.056 0 | −0.450*** | −5.585*** | 0.004 |
| | (0.130) | (1.760) | (0.082) | (0.130) | (1.764) | (0.082) |
| *N* | 3 514 | 3 514 | 3 513 | 3 515 | 3 515 | 3 514 |
| *R* - squared | 0.223 0 | 0.052 6 | 0.210 7 | 0.224 3 | 0.050 7 | 0.213 0 |

注：括号中所表明的是 Bootstrap 稳健标准差。“是”代表控制了相关变量。*R* - squared 代表组内 $R^2$。*、**、*** 分别代表 10%、5%和 1%的显著性水平。

## 第七节 本章小结

托宾 q 值理论认为，股价高估时企业会选择增发股票，获得新的融资后投资，即股票价格高估直接影响企业投资数量。那么，问题是企业会不会在高估时增发股票，增发收益又是否用于实际投资呢？本书综合现有研究成果提出了3个供实证检验的假说：①股价高估会影响企业实际投资支出；②股价影响投资的中间机制是股票增发；③对于股权依赖的公司，股价高估更可能带来投资的增加。本书基于加入企业基本面变量和年度、行情等其他控制变量的托宾q值模型，使用混合OLS和固定效应回归的方法，平衡和非平衡面板等多个数据集，行情分组和企业分组等，依次检验了以上3个假说。并且，我们使用动态面板GMM和PSM方法处理了内生性问题——这一公司金融方面最困扰的计量问题，得出了稳健的结论。此外，我们还深入考察股市行情好和差、股价高估和低估两个分组下可能出现的不同结果。根据托宾q值理论的逻辑进度，股市行情好时增发股票未必是企业真的缺少投资资金，企业股价高估相对于低估更可能增发股票进而更可能多地投资。

在检验了股价高估对投资支出的影响及其作用机制之后，本书还试图探寻机制背后的原因，辨析股价高估对投资的影响是否只是货币现象，使用融资约束或者说股权依赖作为资本成本的代理变量，使用商业信用和银行信用作为信贷能力的代理变量，考察了资本成本以及资金可得性对股价高估影响投资的交互作用。研究发现，对于资金约束严重的公司和信贷能力差的公司，股价更能影响投资，也就是说股价高估带来的股权再融资是因为资金成本的权衡而做出的，而且与当前的信贷是替代关系。

# 第五章　股价高估与中国上市企业投资效率的关系研究

股价高估的影响很多，包括财富分配、消费、投资、利率汇率等，本书则专注于实体经济最为重要的指标——企业投资。上一章就是在第三章理论模型的基础上，以中小板上市公司为对象，对托宾 q 值和投资支出作了描述统计、回归分析、作用机制、稳健性分析和归因分析，详细检验了个体股价的波动对于企业投资支出多少的影响。然而，投资的多少不是投资的全部，投资的效率更值得关注，就像要同时考虑 GDP 的数量和质量一样，不能忽视股市对投资效率的影响。

投资效率是与投资支出非常不同的研究领域，对于投资效率问题，学术界较多地关注低效率投资问题，即资源的错位配置，数学表现为投资效率的方差较大。本书提及的投资效率概念是相对于最优投资数量而言的，是针对公司实际投资决策的分析和检验，侧重于投资高于或低于最优数量的差额，而不是指收益率等最终投资结果。专门研究投资效率的文献更多关注投资数量的最优化，是多了还是少了，这也更容易与宏观经济的固定资产投资相对应，既体现了微观企业投资效率，又能更好地反映宏观经济基础。而且，本书理论模型也更关注股价高估对管理层做出是否投资或投资多寡的影响，效率反映的是对最优投资额的偏离程度。

我们首先简要回顾了目前对于上市公司投资效率的相关研究，然后给出主要的测算投资效率的方法，进而梳理了股价高估对投资效率的影响方面的文献，据此提出供实证检验的假说：④股价高估会导致过度投资，降低投资效率；⑤股价高估是中国企业投资低效率的主要成因之一；⑥过度投资越严重的企业，股价高估对投资效率的负面作用越显著，并主要表现为存货增多。3 个假说依次检验股价高估对企业投资效率的影响是否存在、股价高估（泡沫）对投资效率的解释程度以及股价高估导致低效率的原因。假说提出后，设计实证方程，选择变量，给出描述性统计。进而使用混合 OLS、固定效应等多种计量技术做回归分析检验假说。因为中国企业的低效率问题、产能过剩问题严重，我们还专门检验了股价偏离基本面的泡沫对于低效率的影响。作为稳健性检验，使用动态面板的 GMM 方法处理内生性。最后，我们参考信息不对称理论、委托代理理论、股价泡沫理论等做股价高估的投资效率归因分析，研究发现，增加存货既是股价高估影响投资效率的表现又是原因；过度投资的冲动，例如增发和投资过程中的信息不对称，机构投资者的投机性短期持股，企业管理者的过度自信，都是股价高估导致过度投资的原因。

## 第一节　文献回顾与研究假说

因为企业投资效率的相关研究与上文投资研究有一些差异，上文文献综述并没有包含这部分内容，在此我们首先简要综述上市公司投资效率的相关研究。而且，关于投资效率，如何对其确定或度量很重要，为此我们也综述了几种主要的效率测算方法。在这两类文献基础上，进一步专注于股价高估对投资效率的影响，通过现有文献和定性逻辑分析，提出了研究假说。

### 一、上市企业投资效率的研究

目前国内外关于企业投资效率的研究主要集中在非效率的投资行为发生的原因和企业业绩之间的相互关系。很多研究都提出，企业的自由现金流、公司高级管理层的薪酬水平、企业产权的性质、财务杠杆作用等因素都是影响企业非效率投资的主要影响因素，而这些因素会进一步影响到公司的业绩水平。另一方面，现有文献还大量研究了股权结构与投资效率的关系。关于股价高估对投资效率的影响，文献成果相对较少，下文将详述相关研究并提出本书的研究假说。

#### （一）无效率投资的成因

有些学者从不完全契约角度提出了效率投资的成因。Hart（1995）提出企业契约的不完全性会影响企业之间敲竹杠行为的发生，导致企业谈判的低效率，进而引起没有剩余所有权的一方企业投资匮乏。虽然企业的技术水平能够在一定程度上提高 TFP，但是企业的产权因素在技术条件给定的时候会将资源引导给产权结构较好的企业，从而增加产出。Hsieh 和 Klenow（2009）从经济增长理论的角度出发提出了资源误配参数的概念，他认为社会资源并不是固定不变的，市场的资本与劳动的边际效率最终是趋同的，所以，采用 TFP 的方式来描述企业的资源误配也是可行的，而企业的 TFP 分布方差的大小则主要是由社会制度与企业的外部产权环境所决定的。

Jensen 为代表的学者则认为自由现金流导致企业过度投资。Jensen（1986）提出了自由现金流的假设，他将自由现金流定义为公司投资完所有的在建项目之后仍然存在的部分资金。公司管理层为了更好地掌控自由现金流，一般会选择投资低收益的项目而并不是将现金流返还给股东，而这种行为也就导致了公司的过度投资行为发生。在他的自由现金流假设当中，当企业过度投资时就会产生自由现金流，因为企业管理层信息的不对称与代理成本的存在，会导致企业职业经理人将自由现金流投入到对自己有利而对企业股东不利的项目。随后，在经济运行过程中，大量的实际事例都证实了自由现金流的假说，也就是企业的过度投资行为主要是对企业自由现金流的高度依赖所造成的。Jensen（1986）研究了管理者将自由现金流是用于扩大项目还是发放股东红利这一问题，管理者用于前者会增加自身收益，减少股东利益。他指出，管理层基于个人私利的考虑，宁愿将自由现金流投资于低收益的项目也不愿返还给股东。如果给股东返还现金则会减少企业管理层手中的资源与现金量，降低其控制程度。因此，自由现金流这一问题的实质就是对公司资源控制权的争夺，其主要的表现形式之一就是过度投资。Jensen（1993）、Blanchard 等（1994）研究发现，很多大型企业都是由于过度投资行为的大量增加而导致企业价值进一步被削弱。我国学者王彦超（2009）认为，当企业超额资金量较多且融资行为没有得到进一步约束时，就会导致企业过度投资行为的发生。同时，刘昌国（2006）从自由现金流的角度研究了上市公司的过度投资行为，发现我国很多上市公司都存在不同程度的自由现金流所导致的过度投资行为，管理层股权激励机制相比独立董事和机构投资者持股更可以抑制过度投资，尤其是在法人控股公司而不是国有控股公司。

还有学者认为过多的投资是为了获得在位收益。Hart（1995）提出，企业的管理层一般都会有一种潜意识去建立所谓的“帝国大厦”，而这些最终都会成为偏离公司正常投资行为的非效率投资。Stulz（1990）选择股权分散度较高的公司作为研究对象，发现企业的职业经理人有投资于净现值为负的项目的投资动机，从而掌握更多的资源，以获得超常在职消费。Dow和Gorton（1997）发现企业管理层能够通过股价来获得所需要的信息，并依据这些信息来制定企业的发展和投资策略。杨继伟和聂顺江（2010）实证发现，随着股价信息容量的不断增大与质量的不断提高，我国上市公司使用自由现金流开展过度投资的行为能够得到有效的遏制，同时股价信息质量的不断提高也能够进一步缓解企业投资的不足。然而，晏艳阳和宋相群（2013）却发现，我国股票价格中信息含量高的公司投资效率并没有显著优于信息含量低的公司，说明管理人员并未利用股价中的信息改进投资策略。

国内关于这一方面的研究主要是从国外研究的基础上开展的，主要从自由现金流与过度投资的角度进行研究，而在此之外也从薪酬契约、资本结构以及投资效率的影响等方面进行了更进一步的研究。刘昌国（2006）从自由现金流的角度出发对我国上市公司的过度投资行为进行了研究，发现自由现金流与企业的过度投资行为表现为正相关关系。而企业管理层的股权激励体制又能够进一步遏制企业的过度投资。随后，徐晓东和张天西（2009）提出代理行为会引导企业经理人过度投资行为的发生，而信息不对称等问题又会导致企业投资的不足。有研究表明，企业的过度投资行为与自由现金流表现为正相关关系，而且当企业第一股东为国有企业时过度投资行为更加严重。辛清泉等（2007）从我国国有企业薪酬管理制度的基础出发，研究了企业经理的薪酬水平与投资行为之间的相互关系影响。以Richardson（2006）的模型为基础，用回归残差来度量非效率的投资额，同时参考国内学者徐莉萍等的研究方法，对股东的性质进行区分并做回归分析发现，如果企业经理人的薪酬水平与奖励额度不能给经理人的工作和经营带来一定的刺激时，由地方政府控制的上市公司会因为薪酬契约失效而导致过度投资行为的发生。徐玉德和周玮（2009）参考Mueller和Reardon的“边际投资效率模型”来研究我国上市公司不同资本结构对投资效率的影响大小。研究发现，从整体水平来看，我国的上市公司投资效率较低，过度投资行为较多，而实证研究的结果也表明上市公司的财务杠杆水平，也对企业的投资效率有着较为明显的影响。在2010年，蔡吉甫对非效率投资的行为及原因进行了分析。他们所采用的模型是 Richardson（2006）剩余残差模型，以此来研究公司的投资扭曲程度。研究结果发现，银行的负债水平与企业的过度投资行为呈现正相关关系。除此之外，如果公司的自由现金量较大、成长机会较低以及国家控股的比例增大都会影响过度投资行为的发生。

### （二）股权结构与投资效率

股权结构是公司治理和公司金融的主要研究内容，它与投资效率的关联性研究成果也较多。

一是股权结构与投资。Gomes 和 Novaes（2005）使用不完全信息讨价还价的博弈模型来对股权结构为一股独大和相互制衡型的公司投资决策行为进行了研究。研究表明，股权对企业的制衡表现在两个方面。首先，股权制衡的作用是限制股东的行为，防止大股东侵害小股东的利益。其次，股东之间存在的讨价还价行为也会导致企业投资的不足。徐晓东等学者将公司的投资水平用投资支出产生的现金流出除以总资产来定义，将这一投资水平作为被解释变量，把第一大股东持股额及其平方、立方和第一大股东的股东性质作为解释变量，另外再添加控制变量做回归分析。研究结果表明，当公司第一股东并非国有时，第一股东的持股比例和企业的投资支出表现为“下降—上升—下降”的关系。而潘立生和张清致（2010）的研究则发现企业的股权制衡和过度投资行为表现为正相关关系，也就是股权制衡在制约权力方面的作用并不是很明显，反而进一步加剧了过度投资的水平。在很多个大股东之间形成了一种合谋的情形并不是形成了互相监督的体系。大股东之间通过利益达成了某种一致，通过企业的过度投资分享企业掌控权力，从而获得私利。这种股权结构仅仅是表面上的制衡，在实质上并没有有效形成相互制衡，所以，这一行为并没有很好地制衡大股东之间的利益，而是进一步将大股东与小股东之间的利益矛盾加深。

二是股权的相互制衡、自由现金流以及投资效率的问题。黄本多在 2009 年对这三者之间的关系进行了研究，他选择以 Jensen（1986）的自由现金流量假设、两类委托代理问题为理论基础，当企业的第一大股东股份在 20%～50%之间时定义为股权制衡，同时以 Richardson（2006）的方法作为参考对过度投资和自由现金流量进行度量。通过研究，他发现自由现金流和过度投资之间的关系表现为正相关，而股权制衡和过度投资之间则表现为负相关关系，当第一股东与第二股东并不属于同一性质时，股东对过度投资的制约会更强。另外，孟一琳将上市公司按照终极产权的性质划分为四种类型，即国资委控股、中央国企控制、地方国企控制以及非国有控制。她同样对股权结构对自由现金流过度投资的行为进行了研究，主要是从管理层持股比例、股权集中的程度以及股权制衡的程度来研究的。她通过研究发现由地方国企控制的企业中，股权的制衡作用并不表现得很明显。倘若有几个大股东的持股比例比较接近，那么多股东控股的制衡体系将会进一步提高控制权的不稳定性，从而导致控股股东行为的短期不确定性，进一步加剧过度投资行为。

三是终极产权性质、股权制衡与投资效率。王书琴（2009）对终极产权、股权制衡以及投资三者之间的相互关系进行了深入的研究。她同样选取Richardson的预期投资模型作为基础模型，将回归残差看作是非效率投资额。将第二到第五股东持股比例的总和与第一股东持股比例的比值作为衡量股权制衡程度的值，同时按最终控制人的性质划分为国有和非国有两种。她通过研究发现，在非国有控股的企业中，由于大股东之间更容易结成某种利益联盟，从而引起企业过度投资行为的发生；另外，大股东之间的利益不平衡也会进一步导致投资的不足。所以，在非国有的上市公司中，股权制衡所发挥的作用并不明显。安灵和刘星（2008）从终极产权的性质分类，将上市公司分为四种类型，其中国有企业按照行政级别的类型划分为中央、省、市三级，另外还有私有产权控股的企业。他对股权制衡程度、终极产权的性质和上市公司的非效率投资行为进行了研究。研究表明：股权制衡对抑制企业的过度投资行为具有正向的作用，但是并不是所有的终极所有权类型对股权制衡效果都有明显的抑制作用，终极所有者的行政级别越高的上市公司股权制衡的抑制效果越差。

### （三）对企业投资效率研究的评论

对于投资效率的研究，世界发达国家的研究人员将更多研究经历投入到企业管理层的薪酬水平、持股比例和自由现金流的影响方面，而对股权结构影响非效率投资行为的研究并不是很多，同时他们也为投资效率的度量建立了大量的模型方法。国内研究人员目前对上市公司投资效率的研究越来越多，取得的成果也越来越多，在延续了国外对自由现金流影响的研究基础上也发展了信息不对称导致的企业融资约束行为以及企业经理的代理问题对投资决策的影响，在研究模型方面一般都选择 Richardson（2006）的剩余残差模型。而对股权制衡以及投资效率的研究，国内研究方向主要集中在投资扭曲的投资过度行为方面。然而，大量的研究结果表明企业的过度投资与投资不足这两种非效率投资是同时存在的，而且这些非效率的投资行为对企业的价值损害较大。另外，对产权性质来说，国内研究人员主要研究了控股股东的性质以及终极控制人的性质，或者有些仅仅是简单地划分了第一、第二股东的性质是否相同，对更细一步的股东的性质并没有进行深入的研究。

## 二、企业投资效率的度量方法

目前研究人员在投资效率的度量和衡量方面做出的努力是非常多的。一般来说，研究人员所使用的方法主要有以下三种。首先是 Mueller 和 Reardon（1993）的边际投资效率模型。边际投资效率指的是公司在一年的时间内新增加的投资所获得的收益与投入的成本之间的比值。当这一比值大于 1 时表明投资是有效的，当这一比值小于 1 时则表明这一投资是过度投资。应用此种方法的文献相对较少一些。其次是 Vogt 在 1994 年提出的现金流与投资机会交乘项判别模型。假如企业的投资和自由现金流与投资机会的交互项（CF×Investment Opportunity）的关系是正相关关系则表明企业出现过度投资的行为；而如果表现出负相关关系则表明企业的资源没有得到充分的有效利用，表明投资不足。第三是 Richardson（2006）的残差度量模型。这一模型的基本思路是：在测算企业的预期投资时所使用的因素主要是影响企业投资规模的因素，从企业的实际投资额中挑出预期投资的额度，残差就被定义为投资过度或者投资不足。

这些都被统称为非效率投资。因为边际投资效率模型与现金流和投资机会交乘项判别模型，只能对投资过度或者不足做简单的定性判定，但是 Richardson 的残差度量模型却可以对非效率投资额做出定量的判别，因此，出于本章定量研究的需要，本研究所采用的企业投资效率的度量指标主要是非效率投资额。徐晓东和张天西在 2009 年从经验研究的角度出发，对企业代理问题所引起的经理人的过度投资行为进行了研究，同时信息问题也会进一步恶化企业的投资不足的问题，他们采用修正的 Richardson（2006）投资预测模型来计量过度投资和自由现金流。研究表明，当企业出现投资过度行为时，过度投资和企业的自由现金流表现为正相关关系，而且，当企业的第一股东是国有控股时，过度投资行为会进一步加剧。徐玉德和周玮（2009）参考 Mueller 和 Reardon 的“边际投资效率模型”来研究我国上市公司不同资本结构对投资效率的影响大小。由于边际投资收益递减，当边际投资收益低于投资成本时，企业存在过度投资状况，反之，投资不足。研究发现，我国上市公司资本的边际投资效率为 0.531 2，投资所获得的收益仅仅是投资成本的 50%左右，而小于 1 的投资效率水平表明边际投资效率净现金流是负值，这种情况说明，从整体来说我国的上市公司投资效率较低，而且很多都存在过度投资的行为。另外，上市公司的财务杠杆水平对企业的投资效率和投资收益的影响非常明显，然而在影响方式上却因所有权安排的差异而有所不同。

## 三、股价高估影响企业投资效率的研究假说

很多研究成果表明，股价的高估是会降低企业投资效率的，这可以归结为两种效应：一是客观上帝国建造的冲动，为了做大企业而利用再融资资金盲目投资净现金流为负的新项目；二是企业管理者主观上盲目自信，过度自信，其本意可能不是为了获得私利，但是却高估了项目净收益，造成低效率的过度投资。

Jensen（2005）认为，当股票价格大幅高于其潜在价值时，会对投资者和管理者产生一些不可控力，将部分甚至全部破坏掉公司的核心价值。其内在逻辑根源是，证券的虚假繁荣会创造和夸大所有者和管理者之间的委托代理问题，管理者会武断和随意地投资于研发、广告和维护项目，甚至做出一些高价兼并收购垃圾企业的决策，也即股价虚高会降低企业的投资效率。Jensen（2005）则发现 20 世纪末美国股市泡沫使得一些上市公司有能力从事一些垃圾兼并活动。Shleifer 和 Vishny（2003）也发现股价高估的公司会收购实际价值较低的有形资产，来让原始股东获利，即便收购后股价会大跌，新购股票的股东会受损。Polk 和 Sapienza（2007）研究管理者在投资决策中的讨好问题。他们的研究用可操纵应计利润（discretionary accruals）来测度市场对公司的错误定价。如果该项越多，公司当前股价越高，而长期

内公司股价回落，那么说明对该公司的错误定价越重。给定市场的错误估价，管理者可能选择短期内迎合投资者，把大量资源投入到可能是负 NPV 的项目。在经验研究上，就是可操纵应计利润和投资会呈正相关。其研究通过数据检验发现，的确如此。特别是投资者换手率越高，这种迎合越严重。La Port 等（1999）认为，除去同质性的假设之后，当所有权是集中的，因为公司的控制权与自由现金流是分离的，企业控股的股东其股东利益最大化的目标与企业的投资行为出现了不同程度的偏离，为了获得控制权从而获得更好的收益，企业股东一般都会通过非效率投资的行为来侵害到中小股东的利益。

如果管理者和投资者都非理性，那么股票市场投资者和分析师的过度乐观，将导致公司股票价格可能严重背离公司内在价值，进而诱导非理性的公司管理者加剧过度乐观和自信，更加低估投资风险，高估投资价值，并导致投资过度扩张。如果企业对股权融资依赖，那么投资行为就会受到投资者心态的影响。例如，Scharfstein 和 Stein（1990）引入了管理者的从众行为(herding)。Bertrand 和 Mullainathan（2003）发现企业经理层也会因为个人的喜好而不愿投资新的项目。企业经理层的性格和惰性等行为也会对企业的决策投资产生较大的影响，如果企业目前投资的项目绩效水平并不高，那么管理者如果太懒惰则会进一步影响新投资的项目，他们一般会选择继续投资原本的项目，这种行为就导致企业过度投资行为的发生。当没有较好的投资项目时，企业管理层也不愿意开发新的机会，从而导致了企业投资不足。

如果投资者过度乐观，即使经理追求实际价值最大化，也面临一种风险，即如果他拒绝实施投资者看好的投资项目，投资者就可能会在企业内部或外部施加压力，结果可能导致公司股价下跌，甚至面临被接管，自己也可能被解雇。此时，管理者不得不迎合投资者的乐观心态，导致过度投资，这也会降低资金利用效率，伤害企业的长期竞争力。更何况管理者还可能出现各种代理问题，比如建造自己的“帝国”；或者可能采取中庸之道，平衡投资者的意见，这会促使经理进一步实施一些负 NPV 的投资项目。Polk 和 Sapienza（2001）的实证研究表明，当企业的股价被高估时，企业的投资要比股价被低估时要低。Polk 和 Sapienza（2009）发现，具有充足现金流和借债能力的公司，当股价高估时，比较冲动于浪费资源投资于净现值为负的项目，这表明没有信贷约束的公司，更容易在股价高估时低效率投资。而且，这种投资资本的错误配置，在股价长期偏离基本面和股东投资期限较短时，更可能发生。

我国的上市公司在股权融资偏好方面表现得非常明显，这种情况就导致了企业大股东滥用企业的资源、企业运行效率降低，同时资本配置率低下等问题。有研究表明，我国的上市公司在非效率投资行为的表现中非常明显。学者张功富和宋献中（2009）通过对我国上市公司投资行为进行研究发现，约有39.26%的上市公司都存在投资过度的行为，实际投资平均水平超出其最优投资的100.66%；约有60.74%的公司都存在投资不足的行为，上市公司的实际投资水平仅仅为最优投资的46.31%左右。梁栋桢（2013）分别针对我国主板、中小板以及创业板上市公司进行实证分析，发现上市公司经营业绩并不是引起股价变动的Granger原因，也即股价的高估和低估的走势是脱离基本面的。宋建波和魏心茹（2013）发现，我国股市波动增强了经理层的盈余管理动机与投资者的非理性投资行为。徐寿福和龚仰树（2011）发现，上市公司定向增发后，公司长期业绩呈现下滑趋势。

当然，也有少数文献得出了相反的观点。例如，田昆儒和王晓亮（2014）发现，股票的增发能够在一定程度上缓解公司投资不足的问题，另外，向机构投资者定向增发的效果好于向大股东增发。

综合以上文献成果，我们认为股票价格高估会增大投资风险，提高融资成本，并导致CEO过度自信。同时，股价高估时增发股票会获得额外资金，对于自由现金流的支配是管理层追求私利的主要手段，盲目扩张往往是他们的最佳选择。如果之前因为资金不足而没有达到最佳投资规模时，即还有一些好项目没有投资时，管理层的投资决策会去覆盖这些项目，而资金充足或者项目已被覆盖完毕后，剩余的资金如何找到高收益的投资项目呢？此时，过度投资现象就会出现。从经济学上讲，就是资本投资边际收益递减，投资的增多导致一些项目的边际收益小于边际成本。

正如第三章关于投资效率的理论分析得出的认识，股价高估造成投资增多的重要原因，不仅是股权的过度依赖性，而且也是由于过度投资冲动所造成的。股东与企业管理者之间的关系表现为委托代理关系，管理者会因为帝国建造和在职消费的冲动而盲目扩张项目，行为金融学许多文献也发现管理者往往具有过度自信的心理特征。所以，现实中，企业都是会极力扩张的，股权依赖的企业会想尽办法筹资再去投资，已经不缺资金和完成目标投资的企业也会利用更多的资金去投资其他项目。过度投资冲动的结果自然是低效率投资，直接表现则是存货增多。因此，我们提出实证假说：

假说4：股价高估会导致过度投资，降低投资效率。

假说5：股价高估是中国企业投资低效率的主要成因之一。

假说6：过度投资越严重的企业，股价高估对投资效率的负面作用越显著，并主要表现为存货增多。

## 第二节 股票价格高估对中国上市企业投资效率影响的实证分析

### 一、数据来源、变量选择与描述性统计

与上一章相同，本章使用中国中小板上市公司2005—2014年的数据作为研究样本。数据来源于国泰安信息技术有限公司（GTA）的CSMAR数据库和北京色诺芬信息技术公司CCER数据库，我们剔除了金融业的公司、样本期间被ST的公司、样本区间内总资产成长率或主营业务收入成长率大于100%的公司以及数据严重缺失的样本。最终，我们的样本为4 387个，其中，2005年50个、2006年119个、2007年221个、2008年273个、2009年358个、2010年554个、2011年653个、2012年701个、2013年718个、2014年740个。

变量的选择与第四章基本相同，变量的定义和描述统计也在上一章呈现了，在此不再赘述。需要特别说明的是，投资效率变量测算方法的不同在上文已介绍，并在下文详细测算，在此也不再展现。

### 二、回归分析

首先使用Vogt方法测算中国股市的投资效率。然后主要使用Richardson（2006）的方法来识别中国中小板上市公司投资过度和不足问题。具体就是构造影响投资的变量的回归方程，回归拟合值代表了正常情况下应当具备的最好的投资水平，而残差则表示实际投资的偏差。当这一值为正值时则表示

投资过度，当这一值为负时表明投资不足。得到的这个残差就是投资效率的代理变量，是我们主要检验的被解释变量，主要解释变量当然还是股价高估（托宾 q 值）。这里，方程（4－1）的被解释变量换成了 Richardson（2006）的残差。

### （一）上市企业投资效率的 Vogt 检验——是否过度投资

既然是 Vogt 检验，顾名思义，我们使用 Vogt（1994）的现金流与投资机会交互项判别模型。如果投资（Investment）与现金流和投资机会的交互项（CF×Investment Opportunity）的关系表现为正相关关系则表明企业投资过度，表现为负相关关系则表明企业投资不足。对于投资机会，我们使用账面市值比（BM）来表示，刘瑞和陈收（2006）也使用了这个指标。回归结果如表 5－1 所示。

由于账面市值比（BM）是用总资产除以市场价值，这个值越小表明市场价值越高，投资机会越大。BM 的系数显著为负，即公司投资机会越大投资越多，这一结论是与大量公司财务文献相同的。在这里，我们更关注的是 Vogt（1994）用来判别企业投资效率的投资机会与现金流的交互项的系数，我们的实证结果发现这个交互项的系数显著为正，表明我国上市企业的投资低效率严重，并且主要表现为投资过度。

**表 5－1　上市企业投资效率的 Vogt 检验**

| | (45)<br>*Invest*1 | (46)<br>*Invest*2 | (47)<br>*Invest*3 |
|---|---|---|---|
| *q* | 0.002* | 0.046** | 0.003*** |
| | (0.001) | (0.021) | (0.001) |
| *BM* | −0.011** | −0.112* | −0.012*** |
| | (0.005) | (0.068) | (0.003) |
| *BM*×*CF* | 0.066* | 0.753** | 0.004* |
| | (0.036) | (0.287) | (0.023) |
| *Size* | 0.088*** | 0.638*** | 0.027*** |
| | (0.008) | (0.104) | (0.005) |
| *ROA* | 0.391*** | 0.835** | 0.048*** |
| | (0.026) | (0.347) | (0.016) |

（续）

| | (45)<br>*Invest*1 | (46)<br>*Invest*2 | (47)<br>*Invest*3 |
|---|---|---|---|
| *Sales* | −0.058*** | −0.287*** | −0.017*** |
| | (0.006) | (0.086) | (0.004) |
| *Debt* | 0.028 | 0.504* | −0.007 |
| | (0.019) | (0.264) | (0.012) |
| *Cash* | −0.219*** | −1.368*** | −0.111*** |
| | (0.016) | (0.220) | (0.010) |
| *CF* | −0.065* | −1.063** | 0.045** |
| | (0.034) | (0.460) | (0.022) |
| *Board* | 0.000 | 0.832 | −0.022 |
| | (0.043) | (0.586) | (0.027) |
| *Boss* | 0.007 | −0.029 | 0.004 |
| | (0.005) | (0.070) | (0.003) |
| *State* | −0.009 | −0.076 | −0.012 |
| | (0.012) | (0.160) | (0.007) |
| 行业 | 是 | 是 | 是 |
| 个体 | 是 | 是 | 是 |
| 年份 | 是 | 是 | 是 |
| *Cons* | −0.452*** | −6.220*** | −0.024 |
| | (0.131) | (1.779) | (0.083) |
| *N* | 3 515 | 3 515 | 3 514 |
| *R* - squared | 0.220 4 | 0.051 7 | 0.208 0 |

注：括号中是 Bootstrap 稳健标准差。"是"代表控制了相关变量。*R* - squared 是组内 $R^2$。*、**、*** 分别代表 10%、5%和 1%的显著性水平。

## （二）上市企业投资过度和投资不足的度量

企业的投资效率所涉及的范围包括了企业投资效率、企业过度投资和投资不足 3 个方面。其中投资过度和投资不足都被定义为非效率投资。

### 1. 投资效率

投资效率这一概念指的是企业投资所获得的成果与投资所消耗的投资额

之比。企业投资效率主要侧重微观经济的财务效应，所考虑的因素包括了企业的融资成本与投资项目的机会成本，企业投资时需要保证投资净值比 0 要大，而且这一值的高低表明了效率的高低。对企业来说，因为企业所面临的项目数量较多，净现值既有比 0 大的也有比 0 小的，企业在投资项目时一般都会从净值较高的依次进行投资。从理论角度来说，企业要获得最优的投资效率应当是投资额度刚好可以使最后一个投资的项目为 0，这样一来，只要有净现值比 0 大的项目，企业就会一直投资下去。

**2. 投资过度与不足**

需要注意的是，企业的投资净现值比 0 大也有可能是由于企业缺乏更多的资金去进行投资，在本研究中并没有直接考虑企业融资约束的问题，而是将企业的融资约束看作约束成本加以折现。因此，企业要获得有效的投资效率应当让净现值等于 0，当净现值大于 0 时企业投资不足，当净现值小于 0 时则表明企业投资过度。

投资效率、过度投资和投资不足等概念，在理论界和实务界并没有形成统一的解释。国内外研究在度量投资效率时一般采用 Richardson 的残差度量模型，是把企业新的投资从投资的总额中剔除出来，从而建立起能够反映企业新的投资水平的计量模型。一般来说，企业进行新投资时都会考虑到投资的机会、财务杠杆、自由现金流、企业规模大小、运营时间的长短、股票的收益以及当年度新增的投资等变量函数。因此，企业的最佳新增投资的额度应当是对方程的拟合值进行计量，而方程的残差项则表示了企业的过度投资和投资不足。

非效率投资额的计算和测度使用得最多的是 Richardson（2006）的残差度量模型，其较好地度量了投资不足和投资过度，所以，在本研究中也同样参考 Richardson 的残差度量模型，同时将企业的年度投资量、投资机会、财务杠杆、自由现金流、企业规模大小、上年度新增加的投资等变量进行回归，所得到的残差的绝对值就是企业的非效率投资额。计量方程如下：

$$Invest_{it} = \alpha + \beta_1 Invest_{it-1} + \beta_2 CF_{it-1} + \beta_3 BM_{it-1} + \beta_4 Debt_{it-1} + \beta_5 Size_{it-1} + \sum Year + \sum Ind + \varepsilon_{it} \tag{5-1}$$

方程中各变量含义如下：被解释变量 $Invest_{it}$ 为 $i$ 公司在 $t$ 年的实际新增投资支出，我们使用 Invest1 来表示，即年末和年初固定资产净值的差额与固定资产投资的比值；$CF_{it-1}$ 表示期初经营活动现金净流量；$BM_{it-1}$ 代表 $i$ 公司在 $t-1$ 年的投资机会，本研究中主要使用账面市值比来进行度量，这一比值越小则表示企业的投资机会越大；$Debt_{it-1}$ 和 $Size_{it-1}$ 分别代表 $i$ 公司在 $t-1$ 年末的净资产负债率和公司规模。另外，为了更好地控制那些没有被包括到模型中但是又有可能影响企业资本投资的其他因素，本研究把滞后一期的企业投资也作为控制变量之一。同时模型还控制了行业和年度效应。使用混合 OLS 回归方法，方程（5-1）的回归结果如表 5-2 所示。为了保持结果的稳健性，我们还使用了另外两个投资支出变量（Invest2 和 Invest3）作为被解释变量。我们发现，过去的投资都会显著提高现在的投资水平。对于 3 个投资支出，回归结果略有不同，基本符合“现金流越多支出越大，投资机会越大（BM 值越小）投资支出越多”的理论预期，除了 Invest2 的现金流系数符号为负和个别变量的系数不显著。

**表 5-2 投资过度还是不足：Richardson（2006）检验**

| | *Invest*1 | *Invest*2 | *Invest*3 |
|---|---|---|---|
| *L. invest*1 | 0.048** | | |
| | (0.022) | | |
| *L. invest*2 | | 0.038** | |
| | | (0.016) | |
| *L. invest*3 | | | 0.494*** |
| | | | (0.014) |
| *CF* | 0.057*** | −1.037*** | 0.033*** |
| | (0.020) | (0.220) | (0.011) |
| *BM* | −0.005* | −0.039 | −0.004*** |
| | (0.003) | (0.032) | (0.002) |
| *Debt* | −0.066*** | −0.027 | −0.008 |
| | (0.010) | (0.110) | (0.006) |
| *Size* | 0.016*** | 0.128*** | 0.003** |
| | (0.002) | (0.025) | (0.001) |

（续）

| | *Invest*1 | *Invest*2 | *Invest*3 |
|---|---|---|---|
| 行业 | 是 | 是 | 是 |
| 年份 | 是 | 是 | 是 |
| *Cons* | −0.179*** | −1.999*** | 0.013 |
| | (0.049) | (0.532) | (0.027) |
| *N* | 2 899 | 2 899 | 3 575 |
| *R* - squared | 0.050 8 | 0.013 7 | 0.352 1 |

注：括号中报告的是 Bootstrap 稳健标准误差“是”代表控制了相关变量。*R* - squared 则代表了调整后的 $R^2$。*、**、*** 分别代表 10%、5%和 1%的显著性水平。

## （三）股票价格高估对非效率投资影响的回归结果

上一节在参考 Richardson 预期投资模型的基础上，同时考虑了企业的投资机会与融资约束因素，通过企业上一年度的数据来估计本年度企业的投资。这一方程的残差代表了企业的真实投资与预期投资的差值，当残差值为正值时表明企业过度投资；当残差值为负时表明企业投资不足。在获得了投资效率的变量后，继续评估股价高估对投资效率的影响。即方程（4 - 1）的被解释变量换做方程（5 - 1）式的残差，解释变量和控制变量不变，并根据残差正负分两组来分别回归，即过度投资和投资不足两组，但是为了结果更加清晰可比，对残差取绝对值后作为被解释变量。使用加入企业基本面变量的托宾 q 值模型检验股票价格高估与中国上市企业投资过度和不足的关系。

回归结果如表 5 - 3 所示。模型（48）和（50）是过度投资的情形，是以方程（5 - 1）的残差为正的企业作为研究样本。模型（49）和（51）是投资不足的情形，是以方程（5 - 1）的残差为负的企业作为研究样本。把样本分为投资过度和不足两组，既能检验股价高估对投资效率的影响，又能检验投资过度和不足时是否有差异。通过实证结果我们发现，托宾 q 值对投资效率都是非常不利的，托宾 q 值越高，投资的过度程度或者投资的不足程度都会显著上升，进一步恶化投资低效率。至此，我们证明了假说 4：股价高估会导致过度投资，降低投资效率。

**表 5-3　股价高估对投资过度和投资不足影响的回归结果**

| | (48)<br>过度投资 | (49)<br>投资不足 | (50)<br>过度投资 | (51)<br>投资不足 |
|---|---|---|---|---|
| *q* | 0.006*** | 0.006*** | 0.007** | 0.008*** |
| | (0.002) | (0.001) | (0.003) | (0.002) |
| *Size* | | | 0.050*** | −0.053*** |
| | | | (0.014) | (0.008) |
| *ROA* | | | 0.102 | −0.348*** |
| | | | (0.082) | (0.022) |
| *Sales* | | | −0.055*** | 0.034*** |
| | | | (0.013) | (0.007) |
| *Debt* | | | −0.005 | 0.011 |
| | | | (0.038) | (0.021) |
| *Cash* | | | −0.213*** | 0.074*** |
| | | | (0.039) | (0.019) |
| *CF* | | | −0.019 | 0.000 |
| | | | (0.040) | (0.024) |
| *Board* | | | 0.028 | 0.037 |
| | | | (0.084) | (0.045) |
| *Boss* | | | −0.011 | −0.022*** |
| | | | (0.009) | (0.006) |
| *State* | | | 0.020 | −0.004 |
| | | | (0.021) | (0.012) |
| 行业 | 否 | 否 | 是 | 是 |
| 个体 | 否 | 否 | 是 | 是 |
| 年份 | 否 | 否 | 是 | 是 |
| *Cons* | 0.050*** | 0.027*** | 0.233 | 0.440*** |
| | (0.005) | (0.004) | (0.258) | (0.139) |
| *N* | 1 125 | 1 774 | 1 096 | 1 736 |
| *R* - squared | 0.015 1 | 0.012 9 | 0.134 6 | 0.349 6 |

注：括号中报告的是 Bootstrap 稳健标准差。“是”代表控制了相关变量。*R* - squared 表明了组内 $R^2$。*、**、*** 分别代表 10%、5%和 1%的显著性水平。

## 第三节　股票价格泡沫对中国上市企业低效率投资的影响研究

在这里我们进一步精确化股价高估，以实际q值与预期q值的差作为股票价格泡沫的代理变量，结合其他控制变量，对企业低效率投资作回归分析（表5-4），从而判断股票价格泡沫作为特殊股价高估对中国上市企业投资低效率的影响。因为托宾q值同时具有基本面和非基本面的信息，当把非基本面信息的影响分离出来以后就能够进一步地把q和公司投资的关系区分出来。

本节的实证检验分为两步：第一步，参照Galeotti和Schiantarelli（1994）的做法，托宾q值对公司基本面做回归，得到的残差作为股价泡沫的代理变量（*Bubble*）；第二步，使用（5-1）式残差绝对值对股价泡沫做回归，这也就是一个残差对另一个残差回归，是残差法的充分应用。通过实证结果呈现出一个有趣的现象：股价泡沫显著推动公司的过度投资，恶化投资效率，模型（52）和（54）中*Bubble*的系数都显著为正；对于投资不足的公司，股价泡沫并没有显著提升公司的投资而拉高投资效率，但是也没有显著恶化投资效率，模型（53）中*Bubble*的影响并不显著，而模型（55）中*Bubble*仅在10%显著水平上显著并且符号为正（被解释变量为残差绝对值）。其他变量相对于上文没有本质的、显著的区别，表现了检验的稳定性。至此，我们证明了假说5：股价高估是中国企业投资低效率的主要成因之一。

**表5-4　股价泡沫对投资过度和投资不足影响的回归结果**

| | (52)<br>过度投资 | (53)<br>投资不足 | (54)<br>过度投资 | (55)<br>投资不足 |
|---|---|---|---|---|
| *Bubble* | 0.004*** | 0.003 | 0.002** | 0.004* |
| | (0.001) | (0.003) | (0.001) | (0.003) |
| *Size* | | | 0.043*** | −0.044*** |
| | | | (0.011) | (0.012) |

（续）

| | (52)<br>过度投资 | (53)<br>投资不足 | (54)<br>过度投资 | (55)<br>投资不足 |
|---|---|---|---|---|
| *ROA* | | | 0.138 | −0.456*** |
| | | | (0.121) | (0.020) |
| *Sales* | | | −0.045*** | 0.037*** |
| | | | (0.010) | (0.006) |
| *Debt* | | | −0.004 | 0.008 |
| | | | (0.030) | (0.034) |
| *Cash* | | | −0.256*** | 0.061*** |
| | | | (0.031) | (0.014) |
| *CF* | | | −0.023 | 0.001 |
| | | | (0.048) | (0.025) |
| *Board* | | | 0.029 | 0.043 |
| | | | (0.088) | (0.062) |
| *Boss* | | | −0.023 | −0.024** |
| | | | (0.008) | (0.014) |
| *State* | | | 0.022 | −0.006 |
| | | | (0.030) | (0.018) |
| 行业 | 否 | 否 | 是 | 是 |
| 个体 | 否 | 否 | 是 | 是 |
| 年份 | 否 | 否 | 是 | 是 |
| *Cons* | 0.047*** | 0.069*** | 0.287 | 0.462*** |
| | (0.007) | (0.003) | (0.297) | (0.140) |
| *N* | 1 123 | 1 772 | 1 094 | 1 734 |
| *R* - squared | 0.016 4 | 0.013 8 | 0.137 5 | 0.352 0 |

注：括号中代表的是 Bootstrap 稳健标准差。“是”代表控制了相关变量。*R* - squared 则代表了组内 $R^2$。*、**、*** 分别代表 10%、5%和 1%的显著性水平。

## 第四节 稳健性检验

股价高估对投资效率的影响，与对投资的影响一样，也存在内生性问题。股价高估可能是再融资的结果。向上波动可能是有好项目，向下波动可能是出现了投资问题。我们继续使用系统 GMM 方法来处理内生性。表 5-5 的回归结果显示，托宾 q 值高估显著拉低了投资效率。3 个回归分别是针对过度投资、投资不足以及总体样本的，总体样本结果模型（58）显示投资效率的滞后项系数为正，表明上年度的低效率会继续维持在本年度，持续拉低投资效率。分样本来看，投资过度的样本与总体样本是一致的，但是投资不足样本的滞后项系数为负，说明上年度的投资不足会促进本年度增加投资，缓和投资的低效率。这也间接证明了企业的投资冲动，就是说已经投资过度的公司减少投资很难，但是投资不足的公司却容易增加投资。这在一定程度上表明，股价高估增加投资，但却是低效率的投资，是企业在投资冲动、扩张欲望、过度自信等情况下做出的低效率决策，这一论断是站得住脚的。

**表 5-5　稳健性检验：GMM**

| | (56)<br>投资过度 | (57)<br>投资不足 | (58)<br>投资低效 |
|---|---|---|---|
| 效率滞后项 | 0.147* | −0.017* | 0.052* |
| | (0.077) | (0.009) | (0.027) |
| *q* | 0.003* | 0.004** | 0.006*** |
| | (0.002) | (0.002) | (0.002) |
| *Size* | 0.043** | −0.041*** | −0.009 |
| | (0.020) | (0.013) | (0.011) |
| *ROA* | −0.037 | −0.324*** | −0.268*** |
| | (0.068) | (0.035) | (0.037) |
| *Sales* | −0.033** | 0.014* | 0.010 |
| | (0.016) | (0.008) | (0.008) |
| *Debt* | 0.052 | −0.032 | −0.023 |
| | (0.043) | (0.024) | (0.025) |
| *Cash* | −0.063 | 0.053*** | −0.003 |
| | (0.044) | (0.018) | (0.020) |
| *CF* | −0.052 | 0.017 | −0.006 |
| | (0.034) | (0.019) | (0.018) |

（续）

| | (56)<br>投资过度 | (57)<br>投资不足 | (58)<br>投资低效 |
|---|---|---|---|
| *Board* | 0.008 | −0.055 | −0.032 0 |
| | (0.081) | (0.035) | (0.036) |
| *Boss* | −0.005 | −0.018*** | −0.014*** |
| | (0.008) | (0.005) | (0.005) |
| *State* | 0.013 | 0.025 | 0.007 |
| | (0.022) | (0.016) | (0.011) |
| 行业 | 是 | 是 | 是 |
| 个体 | 是 | 是 | 是 |
| 年份 | 是 | 是 | 是 |
| *Cons* | −2.419* | 0.612*** | 0.103 |
| | (1.257) | (0.219) | (0.153) |
| *N* | 790 | 1 348 | 2 138 |
| *AR* (2) | 0.568 | 0.234 | 0.680 |
| *Hansen* | 0.431 | 0.437 | 0.325 |

注：括号中代表的是稳健性标准差。“是”代表控制了相关变量的固定效应。***，**，*分别代表1%，5%和10%的显著性水平。AR（2）代表了二阶序列相关的 Arrelano－Bond 检验的 $p$ 值，该检验的原假设与误差项的一阶差分并不存在序列相关。*Hansen* 代表工具变量有效性的 *Hansen* 检验的 $p$ 值，该检验的原假设为所选取的工具变量是能够满足矩条件的。

本书还做了其他检验：①对一些变量做了 Winsor 处理：负债率大于 1 的数值都归并为 1；资产收益率大于 1（或小于−1）的都归并为 1（或−1）；②公司总资产和托宾 q 值在上下 1%分位数进行截取。③使用企业投资的最终结果来判断投资效率，即总资产净利润率（ROA）来表示投资效率，作为（5－1）式残差绝对值的替代变量。④在计算投资效率时，使用 Invest2 和 Invest3 来代替 Invest1，都得到了相似的结论。

## 第五节　上市企业投资低效率的归因分析

仅仅只对股价高估与企业投资效率之间的证据是不太够的，还需要进一步揭示股价的高估作用对企业投资效率的影响路径。产业经济学理论认为，企业的存货是顺周期、经济处于上升周期时，企业存量增加，促进生产。经济处于下行周期时，企业存量减少，抑制生产。对股票价格高估对低效率投资的影响做归因分析的基本思路是从存货因素入手，参考信息不对称理论、股价泡沫理论、委托代理理论揭示股价高估对企业低效率投资产生影响的作用机制。上文也已证明股价高估确实会增发股票、增加投资，那么要检验的就是增加这些投资是必要的吗？是货真价实的吗？还是滥竽充数的？我们发现股价高估（甚至泡沫）引发股票增发带来的新增投资是过度的、无效率的。

上文证明了股价高估会增发股票，进而增加投资，又证明了投资是低效率的。那么，如何检验股价高估增加的固定资产投资最终转化为存货了呢？我们采用最直接明了的方式，使用存货对托宾 q 值做回归，看 q 是否增加了存货。进而加入股票增发变量，判断增发融资是否促进了存货的增多。实证结果如表 5－6 所示，结果表明融资被大量用于存货，这是造成无效率投资或者说投资过度的主要原因。需要说明的是，从上文的分组回归看出，投资不足的公司多于投资过度的公司。但是从 Vogt 检验结果以及中国宏观经济产能过剩的形势来看，我们有理由相信投资过度是比投资不足更为普遍、更为严重的问题。这也是我们选择存货理论来探究低效率的原因。

**表 5－6　股价高估对投资效率影响的归因分析：存货**

| | (59)<br>*Inventory* | (60)<br>*Inventory* | (61)<br>*Inventory* |
|---|---|---|---|
| *q* | 0.145*** | 0.142*** | 0.024*** |
| | (0.008) | (0.008) | (0.008) |
| *SEO* | | 0.343*** | 0.053** |
| | | (0.060) | (0.018) |
| *q*×*SEO* | | 0.015*** | 0.019** |
| | | (0.003) | (0.008) |
| *Size* | | | 0.608*** |
| | | | (0.039) |
| *ROA* | | | 0.477*** |
| | | | (0.127) |

（续）

| | (59)<br>*Inventory* | (60)<br>*Inventory* | (61)<br>*Inventory* |
|---|---|---|---|
| *Sales* | | | 0.266*** |
| | | | (0.032) |
| *Debt* | | | 0.272*** |
| | | | (0.097) |
| *Cash* | | | −0.813*** |
| | | | (0.080) |
| *CF* | | | −0.532*** |
| | | | (0.107) |
| *Board* | | | 0.228 |
| | | | (0.213) |
| *Boss* | | | −0.014 |
| | | | (0.025) |
| *State* | | | 0.015 |
| | | | (0.058) |
| 行业 | 否 | 否 | 是 |
| 个体 | 否 | 否 | 是 |
| 年份 | 否 | 否 | 是 |
| *Cons* | 19.448*** | 19.408*** | 1.220* |
| | (0.020) | (0.020) | (0.662) |
| *N* | 4 143 | 4 143 | 3 489 |
| *R* - squared | 0.094 4 | 0.129 0 | 0.597 6 |

注：括号中表示了稳健标准差。“是”代表控制了相关变量。*R* - squared 表示的是组内 $R^2$。*、**、***分别代表 10%、5%和 1%的显著性水平。

考虑到企业增加存货的可能性，我们验证了因股价高估而新增的投资多是无效率的过度投资，往往被库存积压。那么，相关分析可以更进一步，深入探讨这些投资为什么是无效率的呢？这可能有很多的解释，包括上文已经验证的融资约束和信贷替代（有价值的投资项目已被投资了，剩余的新增项目的 NPV 较低，或者公司已经通过银行信用和商业信用获得了必要的投资资金，股权再融资的资金不是那么必要了），其实还主要包括 3 个机制：

①公司再融资和扩大投资过程中信息不对称增加、不确定性增强、投资难度增大；②机构投资者在股价高估或市场行情较好时期的投机性短期持有，可能造成公司投资的投机性增强、缺乏长期规划；③管理者获得了更多的自信心，更多的自由现金流和潜在投资项目，帝国建造冲动下会持续扩张公司投资，而过度自信下投资决策效率下降。这些情况都可以概括为“投资冲动”，即明知不可为而为的投资行为。综合上述可能的解释机制，不论具体是哪种具体机制导致了股价高估降低投资效率，其实它们都可以归结为一个机制：过度投资越严重，股价高估对投资效率的影响越恶劣，即股价对投资效率的影响随着过度投资增加而加强，这是因为过度投资增加时上述 3 个机制的作用都在增强。为此，我们做分位数回归，选择过度投资的企业作为样本，并选择过度投资的 3 个具有代表性的分位数：0.25、0.50 和 0.75。回归结果如表 5－7 所示。

**表 5－7　股价高估对投资效率影响的归因分析：分位数回归**

| | *Invest*1 | | | *Invest*2 | | | *Invest*3 | | |
|---|---|---|---|---|---|---|---|---|---|
| | P25 | P50 | P75 | P25 | P50 | P75 | P25 | P50 | P75 |
| *q* 系数 | 0.006 | 0.007 | 0.008 | 0.019 | 0.021 | 0.025 | 0.002 | 0.003 | 0.005 |
| *q* 显著性 | ** | *** | *** | * | * | ** | * | ** | *** |
| 其他变量 | 是 | 是 | 是 | 是 | 是 | 是 | 是 | 是 | 是 |
| *N* | 1 096 | 1 096 | 1 096 | 1 123 | 1 123 | 1 123 | 1 208 | 1 208 | 1 208 |

注：“是”表示控制了其他变量。*、**、*** 分别表示 10%、5%和 1%的显著性水平。

由于考虑到在 CEO 过度自信等多个作用机制下，过度投资程度不同，股价高估对投资效率的影响程度可能是不同的，因此需要选择分位数回归的方法，对股价高估在企业给定投资的条件分布进行估计，并研究其中的规律。我们在这里选择 3 个具有一定代表性的分位数：0.25、0.50 和 0.75。如果发现其中的递增规律，就可以证明股价对投资效率的影响随着过度投资增加而加强。从表 5－7 我们可以看出，对于 3 个投资支出变量，过度投资的企业数略有不同，也就是说依据不同的测度指标，企业是否存在过度投资的判断是有少许差异的。q 的系数大小也是有差异的，但是 q 都是显著的，至少在 10%水平上显著。这与上文证明的 q 值越大则企业越容易投资过度的假说是一致的。更重要的是，对于 3 个被解释变量，q 的系数在 0.25、0.50 和 0.75 三个分位数上确实都存在数值上的递增，投资过度越严重的企业，股价高估越容易导致过度投资，股价高估对投资效率的影响越恶劣。这一实证结果间接证明了增发和投资过程中的信息不对称，机构投资者的投机性交易，企业管理者的过度自信都是股价高估导致过度投资的原因。综合上面关于存货因素的实证分析，至此，我们验证了假说 6：过度投资越严重的企业，股价高估对投资效率的负面作用越显著，并主要表现为存货增多。

在此需要特别说明的是，相对于欧美发达经济体的成熟资本市场，中国上市企业的投资效率可能更多地受到制度因素的影响，例如没有大规模的债券市场和利率非市场化造成股票发行核准制度下的融资资源稀缺，证监部门根据地区平衡、产业平衡以及政治因素分配股票发行资源，再融资时受到证监部门的严格管制和审批，上市公司监管考核体系不完善，人为地股价高估和溢价发行，汇率市场化迟缓造成外资在 A 股套利，中国股市散户占多数且理性水平相对低，等等。股价高估对投资效率的影响，自然受到这些制度因素的干扰，但是这些因素已经通过一系列的控制变量、时间变量、固定效应变量等来体现。从计量上来讲，遗漏变量会导致内生性问题，本书也通过 GMM 处理了内生性问题。因此，可以说这些变量对本书结论的干扰必然存在，但不影响本书的主要结论，并已经通过计量手段使干扰最小化，强化结论准确性。

## 第六节　本章小结

在综述企业投资效率研究和投资效率测算方法两类文献基础上，我们通过现有文献和逻辑推理定性给出了实证假说：④股价高估会降低上市企业的投资效率；⑤股价高估是中国企业低效率的主要成因；⑥过度投资越严重的企业，股价高估对投资效率的负面作用越显著，并主要表现为存货增多。

然后使用面板数据的混合 OLS 和固定效应方法做了回归检验，证实了假说 4。为了深刻探究低效率企业的低效率成因，检验股价高估尤其是偏离基本面的泡沫是否是低效率的成因之一，我们使用低效率企业的分组子样本，做了实证检验，验证了假说 5。

同时，为了控制内生性问题以及股市行情的干扰，我们使用GMM方法做了稳健性检验，以及其他稳健性检验。上述计量结果都是稳健的，亦证明了研究假说的正确性。

最后，我们试图寻找股价高估降低投资效率的原因，这个归因分析依然是以托宾q值理论为基础的，上文也已证明股价高估确实会增发股票、增加投资，那么要检验的就是增加的这些投资是必要的吗？是货真价实的吗？还是滥竽充数的？我们发现股价泡沫引发股票增发带来的新增投资是过度的、无效率的，产生了大量存货。这就证明了假说6的部分内容，股价高估影响投资效率的原因和表现是增加存货。进一步地，股价高估增加存货的深层次原因是什么呢？我们认为是过度投资的冲动，例如管理者过度自信、信息不对称和机构投资者短期投机性持股等机制都会导致过度投资的低效率。为此，我们又检验了随着过度投资的增加，股价高估对投资效率的负面影响是增加的，这也就印证了假说6，同时与理论模型的有关发现相一致。

# 第六章　结论、建议与展望

## 第一节　研究结论

股价高估对企业投资是否产生实质影响，又产生何种影响？此问题一直是理论热点。股价泡沫的早期理论认为市场是有效的，任何偏离基本面的泡沫都会逐渐消失。之后有学者提出了理性泡沫论，认为投资者对未来股价上涨的预期自发推动了股价的进一步上涨。按照托宾 q 值理论逻辑，股票价格高估直接影响企业投资数量，具体机制是：股价高估时企业会选择增发股票，获得新的融资后投资，而股价低估时企业会增持股票并选择其他融资渠道。那么，问题是企业会不会在高估时增发股票，增发收益又是否用于实际投资呢？所以，股价高估对上市企业投资的影响需要进一步实证分析。更重要的是，股价高估影响投资的原因是什么，是资本成本的权衡，还是信贷的替代？

通过文献综述可以看出，现有文献对于股价高估如何影响企业投资没有统一的定论，实证结果分歧较大。需要值得深入探讨的问题是：股价高估是否影响企业投资，中间机制是增发股票吗？这个逻辑归因是资金成本问题吗？其可能的影响、机制及归因是：在托宾 q 值理论下企业在股价高估时会增发股票，而企业股权依赖时或融资约束时，增发股票的成本较低，企业更倾向于利用这些融资去投资潜在项目。

理论模型方面，本书通过最优化的模型证明，因为最优投资额是既定的，不论企业是否存在股权依赖或是否做出增发决策，股价高估都不会影响投资额。这与 Baker 等（2003）的研究结论并不一致。这恰是现有文献的主要分歧点。本书认为，实际上既定最优投资的假说是不符合实际的，现实中的企业，不是因为资金缺乏无法覆盖所有的目标项目的投资，就是因为管理者“帝国建造”和在职消费的冲动而盲目扩张项目，而且理论上的所谓最优投资也是随着外界经济金融条件而动态变化的。同时，行为金融学许多文献也发现管理者往往具有过度自信的心理特征。所以，现实的企业都是会向外扩张的，股权依赖的企业会想尽办法筹资去投资，已经不缺资金和完成目标投资的企业也会利用更多的资金去投资其他项目。当然，增发股票的资金未必全部用于实体投资，可能部分用于储蓄、分红或金融投资，本书也对此进行了实证检验。

基于理论模型对股价高估影响投资支出的命题做了分析后，进一步论证了股价高估对投资效率的影响，这是与现有理论模型最大的不同。相比已有的矛盾观点，本书坚持了托宾 q 值理论，但是一个不同或者说本书的一个理论发展是，股价高估造成投资增多的重要原因，不仅是股权依赖，而且是过度投资的冲动。过度投资的冲动促进了金融向实体经济的转化，这一点上它是进步力量，然而它本身又是低效率的表现。这也成了股价高估对投资影响的又一个权衡。发现和检验其中的作用机制，找出企业最优的投资路径，以及改善政府定向调控的着力点，是本书的核心要义。

实证分析方面，本书首先回顾了股票价格影响企业投资的相关论和无关论，并阐释了股权依赖在其中的作用，提出了倾向于托宾 q 值经典理论的 3 个供实证检验的研究假说：①股价高估会影响企业实际投资支出；②股价影响投资的中间机制是股票增发；③对于股权依赖的公司，股价高估更可能带来投资的增加。通过实证分析，依次检验了以上 3 个假说。并且，我们使用 GMM 和 PSM 方法处理了内生性问题，这一公司金融方面最为困扰的计量问题，得出了稳健的结论。然后，进一步考察了股价高估影响企业投资的作用机制：一是直接检验股价高估是否影响企业增发股票，增发是托宾 q 值理论认为股价高估影响企业投资的中间变量，因而通过这一检验至关重要；二是分别考察股市行情好和差、股价高估和低估两个分组下可能出现的不同结果，根据托宾 q 值理论的逻辑进度，股市行情好时增发股票未必是企业真的缺少投资资金，企业股价高估相对于低估更可能增发股票进而更可能多地进行投资。检验了股价高估对投资支出的影响及其作用机制之后，本书还试图探寻机制背后的原因，辨析股价高估对投资的影响是否只是货币现象。使用融资约束或者说股权依赖作为资金成本的代理变量，使用商业信用和银行信用作为信贷能力的代理变量，考察了资金成本以及资金可得性对股价高估影响投资的交互作用。研究发现，对于资金约束严重的公司和信贷能力差的公司股价更能影响投资，也就是说股价高估带来的股权再融资是因为资金成本的权衡而做出的，而且与当前的信贷是替代关系。

投资效率是与投资支出非常不同的研究领域，对于投资效率问题学术界较多地关注低效率投资问题，即资源的错位配置，数学表现为投资效率的方差较大。本书提及的投资效率概念是相对于最优投资数量而言的，是针对公司实际投资决策的分析和检验，侧重于投资高于或低于最优数量的差额，而不是指收益率等最终投资结果。专门研究投资效率的文献更多关注投资数量的最优化，是多了还是少了，这也更容易与宏观经济的固定资产投资相对应，既体现了微观企业投资效率，又能更好地反映宏观经济基础。而且，本书理论模型也更关注股价高估对管理层做出是否投资或投资多寡的影响，效率反映的是对最优投资额的偏离程度。为此，我们首先简要回顾了目前对于上市公司投资效率的相关研究，然后给出主要测算投资效率的方法，进而梳理了股价高估对投资效率的影响方面的文献，据此提出供实证检验的假说：④股价高估会导致过度投资，降低投资效率；⑤股价高估是中国企业投资低效率的主要成因之一；⑥过度投资越严重的企业，股价高估对投资效率的负面作用越显著，并主要表现为存货增多。3 个假说依次检验股价高估对企业投资效率的影响是否存在、股价高估（泡沫）对投资效率的解释程度以及股价高估导致低效率的原因。假说提出后，设计实证方程，选择变量，给出描述统计，进而使用混合 OLS、固定效应等多种计量技术做回归分析检验假说。因为中国企业的低效率问题、产能过剩问题严重，我们还专门检验了股价偏离基本面的泡沫对于低效率的影响。作为稳健性检验，使用动态面板的 GMM 方法处理内生性。最后，我们参考存货理论做投资效率的归因分析，探究股价高估影响投资效率的根源，研究发现，股价高估（甚至泡沫）引发股票增发带来的新增投资是过度的、无效率的，产生了大量存货。鉴于我国企业的低效率问题，产能过剩问题的严重性，本书还检验股价高估尤其是偏离基本面的泡沫是否是低效率的成因之一，我们使用低效率企业的分组子样本，做了实证检验。同时，为了控制内生性问题以及股市行情的干扰，我们使用 GMM 做了稳健性检验以及其他稳健性检验。上述计量结果都是稳健的，都证明了研究假说的正确性。

最后，我们试图寻找股价高估降低投资效率的原因，这个归因分析依然是以托宾 q 值理论为基础的，第四章已证明股价高估确实会增发股票、增加投资，那么要检验的就是增加的这些投资是必要的吗？是货真价实的吗？还是滥竽充数的？我们参考信息不对称理论、委托代理理论、股价泡沫理论等做股价高估的投资效率归因分析，研究发现，增加存货既是股价高估影响投资效率的表现又是原因；过度投资的冲动，例如增发和投资过程中的信息不对称，机构投资者的投机性短期持股，企业管理者的过度自信都是股价高估导致过度投资的原因。

## 第二节　政策建议

根据本书的理论分析和实证检验，我们得出了一些有价值的命题和假说，对于中国股市的稳定健康发展，实体投资的持续扩大，以及投资效率的提升等方面具有一定的参考价值。我们给出如下五点政策建议。

第一，理顺企业投资渠道，加强信息披露，尊重公司基本面的实际价值，减少过度高估。首先要澄清一个事实，我们认为中国股市从基本面来看在大多数时期都是高估的。这个判断与很多机构投资者或媒体的观点是不同的，其原因一方面是他们具有引诱投资的非中立立场，例如，在近期沪市最高的 5 000 多点，机构投资者为了从股民投资中牟利竟鼓吹目前处于低点引导大家继续投资。另一方面的原因，也是更重要的原因，我们是基于基本面判断得出股市高估的结论的，这是基于基本理论可以得出的事实性判断。但是，我们并不反对股市要适度高估，因为股市适度繁荣有利于企业投资和整体经济的发展，企业有更多的资金去投资。所以，不是不能高估，而是要符合价值规律，以基本面为基础的适度上浮，且要适度，最重要的是要把钱用到扩大再生产的实际投资上。

根据前文的基本结论，高估（主要是过度的高估，文中是以 $q>2$ 为实证分界的）会导致过度投资，导致投资效率低下。那么，很自然地可以引申出一条政策建议就是：让企业的股价更多地参照其基本面，降低不合理的高估。高估是必然的，宏观上的经济发展，微观上的个别企业潜在未来价值提高，都会出现股价高估。但是总体来说，必须尊重价值规律，脱离基本面盲目投资的妖股要严格审查，及时披露，发现操纵股价的要及时地严格地惩罚。让股市回归理性，真正成为投资融资的场所。有价值的好企业能够融资和升值，会更有动力提升投资价值。投资者获得稳健投资收益会持续买卖股票，同时，机构投资者和个人投资者都基于基本价值来做判断从而获得收益，企业的投资效率会随之提高。相反，如果投资者用脚投票，低效率投资的企业会减少 IPO 或再融资，甚至会退市。整个股市以及我国各行业的实际投资效率就会提升。简言之，通过加强信息披露，让投资者认清企业的基本面；通过理顺企业投资渠道，让企业增加实际投资，减少短期恶意炒作的投机行为，让各个市场主体都更多地参照公司基本面的实际价值来买卖股票，增减投资。

股市波动和股价高估会带来投资者风险，甚至中国宏观经济风险。在金融学上，波动就是风险，不论是上升还是下降，偏离基本面的波动和误估都会给投资者带来损失风险。尤其是在中国股市治理机制不健全的情况下，广大的散户投资者对于股市涨跌的预期是不准确的，机构投资者甚至内幕交易和操纵股价的庄家往往能够掌握更多的信息，使用更多的资金来套利。股市如果经常出现大幅度的波动，必然会影响投资者的信心，大投资者撤资，小散户上街抗议，这都是十分不安的经济社会因素。同时，股价一直误估，上市公司也很难准确做出再融资和实体投资的决策。而且，股市长期偏离基本面会传导至金融其他领域，券商、基金、信托、银行，甚至房地产都会受到干扰，极端情况下会导致金融危机。

政府对股市的宏观调控、对投资者的教育、对危机的救市，也都要尊重市场规律，基于市场基本面来行事。股市不是只能涨不能跌，没有什么底线需要维持，首先要培养普通投资者的风险意识，抵制赌徒心理，不能让股民情绪变为政策风向标，让股民绑架政府政策是极端错误的，也是危险的。股民对政府就会产生依赖，就很难离开，政府救市政策退出就会有更大风险。其实，政府救市是无可厚非的，在股市危难之际必须由政府来维持秩序，树立对股市的信心，对政府的信心。可是，更好的救市政策是建立和维持良好的市场规则，通过引导市场力量来实现干预目的，使用市场化的方式而减少行政干预。总之，市场决定性的改革不能放慢，只能继续加快。只有建立更加完备的市场规则，中国股市的波动才能真正可控，才是稳健的。

事实上在此轮因救市而暂停 IPO 之前，市场化改革速度是很快的。自 2014 年 6 月以来，随着证监会 IPO 审核的加速，A 股 IPO 家数及募集资金总额均迅速增长。2001 年 1 月至 2015 年 5 月，证监会共审核 1 930 家 IPO 企业，通过审核的家数为 1 543 家，通过率为 79.95%，而 2014 年 6 月以来证监会 IPO 审核通过率则高达 88.80%，不仅高于历史平均水平，也高于 2007 年以来的水平。在注册制下，新股发行数量有望大幅增加，机构的退出渠道将得到一定程度的拓宽，投资机构也能获得来自那些成长性良好的价值型企业的回报。同时借助退市制度的实施推进，上市公司壳资源价值将不复存在，市场整体价值体系有望得到重塑，扭转过去“劣币驱逐良币”的估值体系，有助于 VC/PE 回归价值投资，实施股票发行注册制改革，探索建立多层次资本市场转板机制，发展服务中小企业的区域性股权市场，开展股权众筹融资试点。

第二，厘清投融资机制，保障股市适度繁荣，带动实际投资增多。根据托宾 q 值理论以及本书理论模型，股价的高估可以促进企业增发股票，进而投资实体项目，这也得到了实证检验。也就是说，金融市场的流动性可以通过股市流到企业，企业再通过投资转为实体经济产出。股市是金融服务实体经济的主要通道，是直接融资的表现。这一点确定了，就不能完全放弃股市的带动性，利用好股市可能给实体经济带来杠杆效果。现在很多企业尤其是中小企业不能从银行得到充足的资金，而股票市场以及新三板市场是重要的融资场所，必须加以充分和合理的利用。

当然，必须认识到很多企业获得了再融资资金并非去实体投资，而是储蓄或者在资本市场上搞投资，是未封闭的循环。也就是说资金进入股市是有一定漏出的，只有一定比例的资金转为了实际生产力。而如何引导资金走向，让更需要资金的企业获得融资，就是政府部门的重要工作。很多国有企业根本不需要资金，或者说不缺资金，再融资的审批规则可以适度向中小企业倾斜，当然前提是让优质的有竞争力的企业获得更多的市场认可。更需要防范的是，一些不合格的公司通过不正当渠道上市，并制造各种概念，操纵股价，套取股民利益。这些一定要严厉打击。制定和完善退市规则，能上能下，优胜劣汰。噪声交易模型（DSSW 模型）阐释了市场并非都是基于基本面进行交易的，市场中存在大量虚假或误判的信息，这导致了股价对于基本面的偏离，而噪声交易具有随机性和不可预测性。噪声和噪声交易的存在，是股价高估和股价持续波动的重要原因，也是股市风险和获利的重要途径。对股市合理调节的正确制度设计，应该是鼓励机构和非机构投资者对股价信息的不同认识（即噪声），并规范做空或做多的噪声交易，引导市场对股价的均值回归，消释或避免股价过度泡沫。

第三，利用宽松货币政策带动股市繁荣，并配合银行信用、商业信用的建设，同时注意货币政策的范围和局限性。在此，要说明一个似乎矛盾的发现：投资过度与投资不足并存。中国市场上长期存在一部分产业或企业的产能严重过剩，而另一部分的产业或企业可能难以获得足够的投资。这是因为国企或者政府支持的行业容易得到充足的信贷支持或财政资金，而民企或新兴产业融资成本较高。因此，出现了两种低效投资并存的现象。虽然上市公司有较多的融资机会，但是一般来说它们的实际投资过程中还需要较多的信贷支持。所以，为了促进和引导实际投资的增加，必须要适度宽松的货币政策。适度宽松的货币政策，一来可以为股市繁荣提供必要的流动性，二来可以通过银行信用和商业信用等渠道提供低息贷款，共同推动企业实际投资。这与上文关于信贷替代的发现是一致的。

适度宽松的货币政策是股市繁荣的重要条件，也是企业获得投资资金的重要保障，在流动性陷阱下更是如此。另外，股市震荡下跌或总体不景气时，宽松的货币政策也是股市复苏的基本保障。同时，为了保障企业投资资金，股市之外，银行信用和商业信用必不可少，上文证明了它们具有替代性。目前银行信用方面，要点是打通利率传导机制。利率传导机制不健全主要有几个方面的原因，一是货币市场、债券市场是割裂的，缺乏协调，无法相互影响；甚至比较完善的债券市场的定价机制也不健全，各债券品种之间定价联动效应较弱，短期品种定价向长期品种定价传导性较弱，基础债券品种收益率曲线还不完善。金融市场和信贷市场是割裂的，连接两个市场的信贷资产证券化尚不具规模，银行间市场信用利差无法传导到信贷市场，央行只能通过合意贷款管理和其他非常规方式来调控。而商业信用方面，要点是建立统一的征信平台。建设信用信息共享交换平台，推动信用信息“一站式”查询，方便人民群众、从业人员、经营者了解所有市场主体的信用状况，建立守信联合激励、失信联合惩戒机制。大力发展信用服务业，多措并举提高全社会信用水平。

在构建高效而稳定的现代金融体系过程中，一国金融体系向实体经济的理性回归将促进金融向实体经济的理性回归，有效结合金融和实体经济，完善国家金融体系的发展。在宏观经济不景气的形势下，中国宽松货币政策还得持续。2015 年 7 月中央政治局会议提出货币政策要“松紧适度，保持合理的流动性”，定调显然更为宽松了。会议明确把“合理流动性”作为宏观调控的管控目标，意味着政府在货币政策上将兼顾总量和结构等多方面因素，事实上将适度可控的宽松状态作为货币的投放目标。然而，中国金融市场陷入了流动性陷阱。这种流动性陷阱更多地表现在金融市场中，其根源在于企业赖以生存的银行融资体系，无法把金融市场的流动性向实体企业传导。一方面，宏观经济增长乏力，去产能缓慢，企业融资需求不足，信贷风险上升，银行贷款投放动力不足；另一方面，伴随降息而来的利率市场化，提高存款利率上浮空间，在银行负债端冲抵了降息效果，提高了银行负债成本，制约了贷款利率的下行。降息配合降准的货币宽松，对稳定经济增长有一定作用。降准降息有效但有限，要把流动性传导到实体经济，进一步降低企业实际融资利率，还需要财政政策配合。PPI 指标已经连续超过 40 个月为负增长；自 2014 年下半年以来，以 CPI 衡量的物价增速一直维持在低位；2015 年一季度和上半年，GDP 平减指数分别为－1.05 和－0.43。我们判断，中国经济进入了“结构性通缩”状态，主要表现为工资和消费仍保持平稳较快增长，但产品价格持续下降。结构性通缩背后，反映的是结构性产能过剩和内需不足的问题；而由此带来的实际利率上升一方面有助于去产能和结构调整，另一方面则会增加实际融资成本。

同时，我们要注意宽松货币政策的局限性和适用范围。一个局限是股价被高估了，企业融资后却没有去做投资，可能是转移或短期投资有价证券了。所以要配合财政政策和汇率政策，在鼓励货币适度宽松和股市适度繁荣的同时，引导资金流向实体经济。政府要给投资补贴，配合信贷低息，企业要更多地关注中长期投资机会，利用“互联网＋”“双创”“自贸区”“一带一路”等未来区域和产业发展方向增加实际投资。宽松货币政策不是普适的，有一定的适用范围。在当前，国际上日欧等国家和地区纷纷量化宽松的背景下，我国要实现 2020 年全面小康、达到年均 6.5％以上的增长目标，股市维持基本的流动性等，都需要宽松货币政策。逻辑背后最关键的是，企业投资需要信贷，不论是否有充足的股市融资，大都需要一定的信贷支持，而信贷成本相对低才能保障实体经济投资的收益率。当然，这是当前和最近几年的经济形势的判断，政策应因时而变，如果股市滋生严重泡沫或者实体经济投资过剩，则须减少宽松，甚至紧缩。在体现宽松货币政策的适用范围上，定向调控也是较理想的政策思路。前文的结论指出，对于股权依赖的公司，股价高估更可能带来投资的增加。并且，过度投资越严重的企业，股价高估对投资效率的负面作用越显著。其政策含义可理解为，货币政策落实中要定向调控，即对于缺钱的行业和企业类型，如民营企业、小微企业，提供更多的资金；而对于不缺钱的行业或企业类型，如钢铁行业，就当限制融资来源，避免投资效率持续恶化。

第四，利用各种机会消化存货，输出或升级落后产能。投资效率低下的表现是库存积压，生产出来但是没有进入流通领域，没有实现交换价值。那么，为存货找到市场，自然就提高了投资效率。我国经济增速放缓，面临投资过度、债务过重、地产过剩的“三过”问题，投资机会发生转变，从“中国制造”到“为中国制造”。我国制造业已出现了全面产能过剩的状况，在国内进一步扩大制造业投资已经没有太大空间。我国的产能过剩，需要另谋出路，进行大规模基础设施建设的时代已基本过去，东中部地区基本饱和，西部地区还有一些空间，钢铁、水泥等过剩产能必须找到出路，这跟西方以前一样，需要开拓新的市场、新的投资空间。资本需要投资空间，过剩产能需要新的市场。我国可以到海外进行工程承包，带动劳务、建材和施工机械的出口。在实施互联互通战略中，应当让较多的中国企业参与到这些基础设施项目建设中来。2014 年中国对外承包工程业务完成营业额 1 421.1 亿美元，合人民币 8 000 亿元，同比增长 3.8%。

产能输出，把库存降到尽可能的低，只是提高效率的短期策略。毕竟低质量的产品也卖不出好价钱，即便卖出去了并不代表投资效率就很高了。中长期的策略还是淘汰落后产能，升级产品结构和质量。从个体企业来讲，就是走多元化发展道路，发展新的投资项目而不是一味地扩大原来的生产链。从产业来讲，就是结构转型升级。我国制造业规模居世界前列，但制造业资源消耗大、自主创新能力不强等问题依然突出。经济规模大而不强，主要依靠资源等要素投入推动经济增长和规模扩张的粗放型发展方式不可持续，转变经济发展方式刻不容缓。制造业是我国实体经济的主体和国民经济的支柱，是经济结构调整和产业转型升级的主战场，“中国制造 2025”的提出，是适应世界经济发展趋势和中国制造业发展要求的战略选择。“互联网＋”行动计划 2015 年首次在政府工作报告中提及。在业界看来，所谓“互联网＋”的概念，更多的是包括制造业、电子商务、医疗、金融等各行各业在互联网层面的落实，是基于大数据时代对传统行业的提升。企业要优化产品结构、产品质量，通过投资更广泛更多元的实体项目，来升级产品价值，才能真正做到提高生产效率。要充分认识到我国在互联网革命中的特殊地位和优势，紧抓新一轮产业革命的机遇期，积极推进“互联网＋”行动，加快互联网技术在更广范围、更深程度、更高层次上与各产业的融合，推动形成新的生产方式、产业形态、商业模式和经济增长点。同时，为应对发达国家的再工业化战略和全球产业竞争格局的调整，应加强统筹规划和前瞻部署，实施制造强国战略，提高制造业创新能力，紧抓信息技术、高端装备、新材料、生物医药等战略重点，打造优势产业。

第五，培育企业家精神，挖掘增长新动能，提高投资效率。理论研究发现，企业家的过度自信和在职消费冲动等都会导致企业的无效率投资。企业家是投资的主要决策者，企业家素质就成了决定企业投资效率的最关键因素。短视的企业家可能会为了抢夺市场份额，在过剩产能的领域不断增加投资，导致效率越来越低。而进取意识强的企业家可能会发现更多的新的投资潜力点。本书证明了股价高估带来的高投资的效率是较低的，是因为从事了一些低现金流的项目，那么改善的建议自然是多发现高价值的投资项目，根本上讲就是鼓励企业家创新。一个企业家能够看到、评价和追索机遇，而一个管理者却关注如何利用可能的资源而实现最好的结果。而且企业家是职业投资者，他们有承担风险的比较优势，他们有协调不同时期市场的能力。企业家能够大胆而又富有想象力地突破现行的商业模式和惯例，不断寻求各种机会推出新的产品和新的工艺，进入新的市场并且创造新的组织形式。

企业家的创新，也是企业家精神的核心要素，最主要的体现就是挖掘出企业的增长点，例如技术改造或多元化。宏观经济上看，创新是“十三五”规划的首要发展理念，而创新的主体首先是企业家。微观主体上看，技术革新加快，产业模式演变，战略发展方向的把握是企业家的核心工作。

当前，我国企业家已从套利型的企业家转向了创新型的企业家，创新型企业家和套利型企业家是不一样的，前者会创造一种原来没有的东西，后者则看到别人有的可以拿过来。创新型的企业家看不到别人有什么，所以他必须凭自己的想象，凭进取精神创造一种人类过去不曾有过的东西。例如，通过在同一产业内深耕，技术改造提升投资效率，或者通过多元化投资实现转型发展，扩展到上下游产业甚至无关产业来博得新的利润增长。套利型企业家获得的是低垂的果实，很多商业机会要苦苦等待才能获得，而创新型企业家则首先要种树，要发掘新的高价值的投资机会。企业家发现新的产品、新的市场、新的企业组织方式，企业就有了新的高价值的投资项目，扩大到一个国家，国家也就有了支撑经济发展的新增长点。例如，阿里巴巴带动了电商发展，引发了国家“互联网+”战略，最终导致各行各业的生产效率和投资效率都得到改造和提升。当然，我们还要通过公司治理机制来控制在职消费等委托代理问题，通过股东大会或社会教育来抑制企业家过度自信作出的非理性、非效率决策。

对于政府而言，要做的就是简化行政审批，让市场发挥决定作用，让企业家自发选择投资机会。市场能办的多交给市场，社会可以办好的就交给社会。当前我国正在持续推进简化行政审批工作，取消或下放审批权的“权力清单”、工商税务等多部门共同办公的“大部制”、上海、广东等自贸区建设等体制创新不断推进。同时，创新创业的各种补贴和减免税政策、国企混合所有制改革、新三板扩围、IPO审批制转为注册制等，都给市场提供了创新、创造、创业机会。此外，互联网和大数据也节省了企业家创业的成本，让没有关系的创业者也能成功。对于资本市场，政府的过度干预，会导致公众对市场机制、契约精神、自主定价机制产生怀疑，长期的制度性成本会慢慢显现，股市的融资功能将会受影响。政府放权市场，既节省了交易成本，又刺激了企业创新，投资效率自然得以提升。

## 第三节　不足之处及研究展望

本书通过简单的理论模型论证了股价高估对企业投资支出多少以及投资

效率的影响，进而使用中国中小板上市公司数据详尽检验了这种影响的方向、大小、显著性、作用机制、归因以及稳健性，数据翔实，结论可靠。但是，本书仍然存在几点不足，也是对未来研究的展望，希望以后的专家学者可以在这些方面做得更好，不断把研究深入推进。第一，本书的理论模型略显单薄，是在经典文献的基础上加以应用，并加入了投资效率问题的分析，虽有创新，但是原创性不足，没有对本书丰富的实证假说和机制研究以及归因研究提供统一的全面的理论框架。第二，股价高估测算上本书使用了最为经典的测量方式，用托宾 q 值表示股价的误估，q 值越大高估越严重，q 值越小表示高估越不严重（或者说低估越严重）。这种方式的好处是，它直接源自托宾 q 值理论，理论基础扎实，与经典文献可比性强。但是目前对于股价高估的测算方法越来越多，许多学者采用剥离基本面的额外波动来表示股价的误估。这种方式在检验股价泡沫对低效率企业的影响时使用了，其他计量上并没有使用。这也是出于避免计量结果过多、造成比较混乱的考虑。但是如果在以后的研究中专注于股价高估的某一方面的具体影响时，也许最新方法可能更精确。第三，本书的一个重要现实意义就是对宏观股市的微观企业做了基础性分析，从微观视角看宏观经济及宏观经济政策。这是当前经济研究的重点领域之一。限于本书是重点研究微观企业投资的，所以没有进一步阐述其背后的宏观政策含义，今后研究中探讨微观企业投资行为对宏观经济形势及宏观经济政策的影响，应该是很好的研究选题。

# 参 考 文 献

安灵，刘星．2008. 股权制衡、终极所有权性质与上市企业非效率投资［J］. 管理工程学报（2）：122－129.

蔡吉甫．2010. 非效率投资、公司业绩及其影响因素研究［J］. 财会通讯（3）：109－111.

丁守海．2006. 托宾 q 值影响投资了吗？——对我国投资理性的另一种检验［J］. 数量经济技术经济研究（12）：146－155.

丁毅，等．2020. 农村金融创新对我国居民生活质量影响研究——基于农村居民综合生活质量评价指数构建与衡量分析［J］. 价格理论与实践（5）.

丁毅，张瑞杰．2014. 基于托宾 q 值理论的 IPO 抑价影响因素研究［J］. 当代经济研究（4）：84－87.

丁毅．2014. 我国上市公司投资效率影响因素与改进措施［J］. 经济纵横（4）：88－90.

丁毅．2015. 中国农村金融支付环境建设问题研究［J］. 当代经济研究（3）：84－88.

丁毅．2018. 农村基础设施 PPP 项目资产证券化的实施路径、主要问题与政策建议［J］. 农业经济问题（10）：94－101.

丁毅．2018. “两权”抵押贷款对中国农村居民消费的影响——基于协整检验和误差修正模型的动态分析［J］. 价格理论与实践（10）：113－116.

丁毅．2019. 纠正农村信用社的“离农化”倾向［J］. 人民论坛（2）：70－71.

丁毅．2019. 农村金融创新对新型农业经营主体绩效的影响研究——基于结构方程模型（SEM）的分析［J］. 价格理论与实践（5）：123－126.

丁毅．2019. 农村金融服务乡村振兴的方式创新与风险控制研究［M］. 北京：经济管理出版社．

丁毅．2019. 乡村振兴战略背景下的农村供给侧结构性改革优化路径研究［M］. 北京：经济管理出版社．

杜江，沈少波，易瑾．2010. 股票市场“财富效应”和“投资效应”作用于宏观经济的有效性分析［J］. 经济纵横（8）：103－106.

冯梓洋，张显峰，唐亮．2014. 创业板公司自主创新与企业绩效、股价波动的关联分析［J］. 证券市场导报（3）：24－28.

扈文秀，王锦华，黄胤英．2013. 美联储量化宽松货币政策实施效果及对中国的启示——基于托宾 q 值理论的货币政策传导机制视角 [J]. 国际金融研究 (12): 4-13.
黄本多，干胜道 . 2009. 股权制衡、自由现金流量与过度投资研究 [J]. 商业研究 (9): 132-134.
黄磊，王化成，裘益正 . 2009. Tobin Q 反映了企业价值吗：基于市场投机性的视角 [J]. 南开管理评论，12 (1): 90-95.
李善民，朱滔 . 2006. 多元化并购能给股东创造价值吗？——兼论影响多元化并购长期绩效的因素 [J]. 管理世界 (3): 129-137.
李心丹，傅浩，等 . 2002. 中国证券投资者行为研究 [R]. 上海联合研究计划第三期课题报告 .
李焰，秦义虎，张肖飞 . 2011. 企业产权、管理者背景特征与投资效率 [J]. 管理世界 (1): 135-144.
梁栋桢 . 2013. 上市公司经营业绩与股市表现研究 [J]. 经济问题 (10): 96-98.
刘昌国 . 2006. 公司治理机制、自由现金流量与上市公司过度投资行为研究 [J]. 经济科学 (4): 50-58.
刘端，陈收 . 2006. 股票价格对中国上市公司投资行为的影响——基于不同股权依赖型公司的实证 [J]. 管理评论，18 (1): 31-36.
刘芍佳，孙霈，刘乃全 . 2003. 终极产权论、股权结构及公司绩效 [J]. 经济研究 (4): 51-62.
陆德洋 . 2009. 股权制衡与公司绩效关系的实证研究 [D]. 北京：中国科学技术大学 .
罗琦，肖文翀，夏新平 . 2007. 融资约束抑或过度投资——中国上市企业投资—现金流敏感度的经验证据 [J]. 中国工业经济 (9): 103-110.
罗琦，付世俊 . 2015. 股价同步性与控股股东市场择时 [J]. 中南财经政法大学学报 (1): 125-131.
孟一琳 . 2010. 股权结构对自由现金流过度投资影响的实证研究 [D]. 广州：暨南大学 .
聂辉华，李金波 . 2006. 政企合谋与经济发展 [J]. 经济学 (季刊) (10): 75-90.
潘立生，张清政 . 2010. 股权结构、机构投资者与企业过度投资行为研究 [J]. 中国市场 (8): 101-103.
饶品贵，岳衡，姜国华 . 2014. 经济政策不确定性与企业投资行为研究 [C]. 第三届“宏观经济政策与微观企业行为”学术研讨会会议论文 .
史永东，王谨乐 . 2014. 中国机构投资者真的稳定市场了吗？[J]. 经济研究 (12): 100-112.
宋建波，魏心茹 . 2013. 公允价值计量的市场效应研究——基于 A 股上市公司 2007—2011 年的经验证据 [J]. 财贸经济 (4): 68-75.
宋军，吴冲锋 . 2001. 基于分散度的金融市场的羊群行为研究 [J]. 经济研究 (11): 21-27.
田昆儒，王晓亮 . 2014. 定向增发与投资效率问题研究 [J]. 江西财经大学学报 (1) 61-69.

王书琴 . 2009. 终极产权、股权制衡与投资 [J]. 新疆财经 (1): 36 - 41.

王铁锋，张曦 . 2003. 上市公司投资价值 [J]. 资本市场杂志 (7): 54 - 56.

王铁锋，张曦 . 2003. 盈利背后的隐忧 [J]. 资本市场杂志 (8): 30 - 33.

王铁锋 . 200. 现行制度下中国金融市场的系统风险——以货币市场为例 [J]. 经济管理 (5): 36 - 35.

王铁锋 . 2003. 中国证券市场投资分析及组合管理 [M]. 北京：经济科学出版社 .

王铁锋 . 2004. 中国企业并购分析及价值创造 [M]. 北京：经济科学出版社 .

王铁锋 . 2005. 金融市场与金融工具 [M]. 北京：经济科学出版社 .

王铁锋 . 2005. 中国债券市场投资分析及组合管理 [M]. 北京：经济科学出版社 .

王铁锋 . 2005. 沪深股市异常波动停牌制度的有效性研究 [N]. 中国证券报，03 - 22.

王铁锋 . 2006. 资本市场呼唤企业价值评估 [R]. 厦门：2006 中国评估论坛 .

王彦超 . 2009. 融资约束、现金持有与过度投资 [J]. 金融研究 (7): 121 - 133.

辛清泉，林斌，王彦超 . 2007. 政府控制、经理薪酬与资本投资 [J]. 经济研究 (8): 110 - 122.

徐莉萍，辛宇，陈工孟 . 2006. 股权集中度和股权制衡及其对公司经营绩效的影响 [J]. 经济研究 (1): 90 - 99.

徐寿福，龚仰树 . 2011. 定向增发与上市公司长期业绩下滑 [J]. 投资研究 (10): 98 - 111.

徐寿福 . 2010. 上市公司定向增发公告效应及其影响因素研究 [J]. 证券市场导报 (5): 65 - 72.

徐晓东，王霞，董元田 . 2010. 大股东的所有权与企业的投资行为研究 [J]. 中大管理研究 (5): 26 - 47.

徐晓东，张天西 . 2009. 公司治理、自由现金流与非效率投资 [J]. 财经研究 (10): 47 - 58.

徐玉德，周玮 . 2009. 不同资本结构与所有权安排下的投资效率测度 [J]. 中国工业经济 (11): 131 - 140.

薛宇峰 . 2013. 中国股市投资者羊群行为及其市场效应的实证研究 [J]. 山东社会科学 (10): 95 - 100.

晏艳阳，宋相群 . 2013. 股价信息含量、企业价值与投资效率 [J]. 福建师范大学学报 (哲学社会科学版) (4): 14 - 21.

杨继伟，聂顺江 . 2010. 股价信息含量与企业资本配置效率研究 [J]. 管理科学，23 (6): 81 - 90.

张功富，宋献中 . 2009. 我国上市公司投资：过度还是不足？——基于沪深工业类上市公司非效率投资的实证度量 [J]. 会计研究 (5): 69 - 77.

张普，吴冲锋 . 2010. 股票价格波动：风险还是价值？[J]. 管理世界 (11): 52 - 60，187.

赵静梅，何欣，吴风云 . 2010. 中国股市谣言研究：传谣、辟谣及其对股价的冲击 [J]. 管理世界 (11): 38 - 51.

周业安，宋翔．2010. 股票市场波动与公司投资［J］. 经济管理（12）：118－126.

Akbulut M. E.，Matsusaka J. G.. 2010. 50＋Years of Diversification Announcements［J］. The Financial Review（45）：231－262.

Alchian，Armen A. Demsetz，Harold. 1972. Production，Information Costs，and Economic Organization［J］. The American Economic Review，62（5）：777－795.

Alexandre F.，Bacao P.. 2005. Monetary Policy and Asset Prices：The Investment Channel［R］. Documentos de Trabalho Working Paper Series.

Alti A.，Sulaeman J.. 2012. When do high stock returns trigger equity issues?［J］. Journal of Financial Economics，103（1）：61－87.

Arellano M.，Olympia B.. 1995. Another Look at the Instrumental Variable Estimation of Error-components Models［J］. Journal of Econometrics，68（1）：29－51.

Ascioglu A.，Hegde S. P.，McDermott J. B.. 2008. Information Asymmetry and Investment－cash Flow Sensitiyity［J］. Journal of Banking and Finance，32（6）：1036－1048.

Baker M.，Stein J. C.，Wurgler J.. 2003. When Does the Market Matter? Stock Prices and the Investment of Equity－Dependent Firms［J］. Quarterly Journal of Economics，118（3）：203－218.

Baker M.，Wurgler J.. 2002. Market Timing and Capital Structure［J］. Journal of Finance（57）：1－32.

Barro R. J.. 1990. The Stock Market and Investment［J］. The Review of Financial Studies，（3）：115－132.

Bengt Holmstrom. 1982. Moral Hazard in Teams［J］. The Bell Journal of Economics，13（2）：324－340.

Berle A.，Means G.. 1932. The Modern Corporation and Private Property［M］. New York：Macmillan.

Bernheim B. D.，Whinston M. D. 1986. Common Agency［J］. Econometrica，54（4）：923－942.

Blanchard O. J.，Lopez De Silanes，Shleifer A.. 1994. What do Firms do with Cash Windfalls［J］. Journal of Financial Economics，36（3）：337－360.

Blanchard O. J.，M. Watson. 1982. Bubbles，Rational Expectations and Financial Markets［R］. NBER Working Paper，No. 0945.

Blanchard O. J.，Changyong Rhee，Lawrence Summers. 1993. The Stock Market，Profit，and Investment［J］. The Quarterly Journal of Economics（1）：335－349.

Blundell Richard，Stephen Bond. 1998. Initial Conditions and Moment Restrictions in Dynamic Panel Data Models［J］. Journal of Econometrics，87（1）：115－143.

Bollerslev，Tim. 1986. Generalized Autoregressive Conditional Heteroskedasticity［J］. Journal of Econometrics (31): 307 - 327.

Brunnermeier, Markus K.. 2008. "Bubbles" The New Palgrave Dictionary of Economics [M]. Second Edition Eds. Steven N. Durlauf and Lawrence E. Blume Palgrave Macmillan.

Cheung Steven N. S.. 1983. The Contractual Nature of the Firm [J]. Journal of Law and Economics, 26 (1): 1 - 21.

Chirinko R. S.. 1996. Bubbles, Fundamentals, and Investment: A Multiple Equation Testing Strategy [J]. Journal of Monetary Economics (38): 216 - 254.

Chirinko R. S., H. Schaller. 2001. Business Fixed Investment and "Bubbles": The Japanese Case [J]. American Economic Review, 91 (3): 663 - 680.

Chou D. W., M. Gombola, F. Y. Liu. 2009. Long - run Underperformance Following Private Equity Placements: The Role of Growth Opportunities [J]. The Quarterly Review of Economics and Finance (49): 1113 - 1128.

Coase R. H.. 1937. The Nature of the Firm [J]. Economica, New Series, 4 (16): 386 - 405.

Cooper R., Ejarque J.. 2003. Financial frictions and investment: requiem in q [J]. Review of Economic Dynamics (6): 710 - 728.

Danielsen, Bartley R., Sorin M, Sorescu. 2001. Why do Option Introductions Depress Stock Prices ? A Study of Diminishing Short Sale Constraints [J]. Journal of Financial and Quantitative Analysis (36): 433 - 452.

De Long J. B., A. Shleifer Summers and R. J. Waldmann. 1990. Noise Trader Risk in Financial Markets [J]. Journal of Political Economy, 98 (4): 235 - 257.

Dow J., Gorton G.. 1997. Stock Market Efficiency and Economic Efficiency: Is There a Connection [J]. Journal of Finance (52): 1087 - 1129.

Engle, Robert F.. 1982. Autoregressive Conditional Heteroscedasticity with Estimates of Variance of United Kingdom Inflation [J]. Econometrica (50): 987 - 1008.

Fama E. F.. 1981. Stock Returns, Real Activity, Inflation and Money [J]. American Economic Review (71): 545 - 565.

Fama E. F, French K. R.. 1993. Common Risk Factors in the Returns on Stocks and Bonds [J]. Journal of Financial Economics, 33 (93): 3 - 56.

Fama E. F.. 1969. Efficient Capital Markets: A Review of Theory and Empirical Work [J]. The Journal of Finance (25): 383 - 417.

Fama E. F.. 1976. Foundations of Finance [M]. New York: Basic Books.

Fama E. F.. 1990. Stock Returns, Expected Returns and Real Activity [J] . Journal of Finance, XLV (4): 1089 - 1108.

Fan Joseph P. H., Jun Huang, Felix Oberholzer - Gee, and Mengxin Zhao. 2007. Corporate

Diversification in China: Causes and Consequences [R]. Working Paper, School of Business Administration, The Chinese University of Hong Kong.

Fang, Vivian W., Tian X., Tice S.. 2014. Does Stock Liquidity Enhance or Impede Firm Innovation [J]. The Journal of Finance, 69 (5): 2085-2125.

Faure-Grimaud, Antoine, Laffont, Jean-Jacques and Martimort, David.. 2003. Transaction Costs of Collusion and Organizational Design [J]. USC CLEO Research Paper, No. C01-17.

Fischer S., Merton R. C.. 1984. Macroeconomics and Finance: The Role of the Stock Market [J]. Carnegie Rochester Conference Series on Public Policy (XXI): 57-108.

Flood R. P., Hodrick R. J.. 1986. Asset Price Volatility, Bubbles and Process Switching [J]. Journal of Finance, 41 (4): 13-31.

Flood R. P., Robert J. H.. 1990. On Testing for Speculative Bubbles [J]. The Journal of Economic Perspectives, 4 (2): 85-101.

Frankel D. M.. 2008. Adaptive Expectations and Stock Market Crashes [J]. International Economic Review (2): 72-96.

Galeotti M., Schiantarelli F.. 1994. Stock Market Volatility and Investment: Do Only Fundamentals Matter? [J]. Economica, New Series (242): 15-31.

George A. Akerlof.. 1970. The Market for "Lemons": Quality Uncertainty and the Market Mechanism [J]. The Quarterly Journal of Economics, 84 (3): 488-500.

Gilchrist S., Himmelberg C., Huberman G.. 2005. Do Stock Price Bubbles Influence Corporate Investment? [J]. Journal of Monetary Economics (52): 805-827.

Gomes A., Novaes W.. 2005. Sharing of Control versus Monitoring [D]. PIER Working paper. University of Pennsylvania Law School.

Gomes J. F.. 2001. Financing Investment [J]. The American Economic Review, 91 (5): 1263-1285.

Goyal V. K., Yamada T.. 2004. Asset Price Shocks, Financial Constraints, and Investment: Evidence from Japan [J]. Journal of Business (77): 175-199.

Grossman S., Hart O.. 1986. The Costs and Benefits of Ownership: A Theory of Vertical and Lateral Integration [J]. Journal of Political Economy (94): 691-719.

Guenster Nadja, Kole E., Jacobsen B.. 2009. Riding Bubbles [R]. SSRN Working Paper.

Hart O., Holmstrom B.. 1987. The Theory of Contract in T. Bewley ed., Advanced in Economic Theory [M]. Cambridge: Cambridge University Press.

Hart O., Moore J.. 1990. Property Rights and Nature of the Firm [J]. Journal of Political Economy, 98 (6): 262-287.

Hart O.. 1995. Firm, Contract and Financial Structure [M]. Oxford: Oxford University

Press.

Hau H., Lai S.. 2013. Real Effects of Stock Underpricing [J]. Journal of Financial Economics, 108 (2): 392 - 408.

Hellwig M. F.. 1980. On the Aggregation of Information in Competitive Markets [J]. Journal of Economic Theory (22): 477 - 498.

Hertzel M., Smith R.. 1993. Market Discounts and Shareholder Gains for Placing Equity Privately [J]. Journal of Finance (48): 459 - 485.

Holmström B., Milgrom P.. 1991. Multi - task Principal - Agent Analyses: Incentive Contract, Asset Ownership and Job Design [J]. Journal of Law, Economics and Organization (7): 24 - 52.

Holmström B., Tirole J.. 1993. Market Liquidity and Performance Monitoring [J]. Journal of Political Economy (101): 678 - 710.

Hsieh Chang - Tai, Klenow P. J.. 2009. Misallocation and Manufacturing TFP in China and India [J]. The Quarterly Journal of Economics, 124 (4): 1403 - 1448.

Hubbard R. G.. 1998. Capital - market Imperfections and Investment [J]. Journal of Economic Literature, 36 (1): 193 - 225.

Hurwitz L.. 1973. The Design of Mechanisms for Resource Allocation [J]. American Economic Review (63): 1 - 30.

James S. A., Rebel A.. 2000. Agency Cost and Ownership Structure [J]. Journal of Finance, 55 (1): 81 - 106.

Jensen M. C.. 1986. Agency Costs and Free Cash Flow, Corporate Finance and Takeovers [J]. The American Economic Review, 76 (2): 323 - 329.

Jensen M. C., Meckling W. H.. 1976. Theory of the Firm: Managerial Behavior, Agency Costs and Ownership Structure [J]. Journal of Financial Economics, 3 (4): 304 - 360.

Jensen M. C.. 1993. The Modern Industrial Revolution, Exit, and the Failure of Internal Control Systems [J]. Journal of Finance, 48 (3): 831 - 880.

Jensen M. C.. 2005. Agency Costs of Overvalued Equity [J]. Financial Management (34): 5 - 19.

Jiang L., Kim Jeong - Bon and Pang Lei. 2011. Control - Ownership Wedge and Investment Sensitivity to Stock Price [J]. Journal of Banking & Finance, 35 (11): 2856 - 2867.

JiangG., Lee M. C., Yue H.. 2010. Tunneling through Intercorporate Loans: The China Experience [J]. Journal of Financial Economics, 98 (1): 1 - 20.

Jovanovic B., Rousseau P. L.. 2014. Extensive and Intensive Investment over the Business Cycle [J]. Journal of Political Economy, 122 (4): 863 - 908.

Kaplan, Steven N., Luigi Zingales. 1997. Do Investment - Cash Flow Sensitivities Provide

Useful Measures of Financing Constraints? [J]. Quarterly Journal of Economics (CXII): 169 - 215.

La Porta R., Lopez - de - Silanes F., Shleifer A., Vishny R. W.. 1999. Corporate Ownership around the World [J]. Journal of Finance, 54 (2): 471 - 517.

Lamont O.. 2000. Investment Plans and Stock Returns [J]. Journal of Finance (6): 45 - 77.

Lang, Larry H. P., Rene M. S.. 1994. Tobin' s q, Corporate Diversification, and Firm Performance [J]. Journal of Political Economy (102): 1248 - 1280.

Laopodis N. T.. 2009. Real Investment and Stock Prices in the USA [J]. Managerial Finance, 35 (1): 142 - 158.

Lorenzoni G., Walentin K.. 2007. Financial Frictions, Investment and Tobin's q [R]. Sveriges Riksbank Working Paper Series.

Malmendier U., Tate G.. 2005. CEO Overconfidence and Corporate Investment [J]. Journal of Finance, 60 (6): 2661 - 2700.

Maskin E.. 1999. Nash Equilibrium and Welfare Optimality [J]. Review of Economic Studies (4): 23 - 38.

Mclean R. D., Zhang T., Zhao M.. 2012. Why does the Law Matter? Investor Protection and Its Effects on Investment, Finance, and Growth [J]. Journal of Finance, 67 (1): 313 - 350 (38).

Miller E. M.. 1977. Risk, Uncertainty, and Divergence of Opinion [J]. Journal of Finance (32): 1151 - 1168.

Modigliani, Miller. 1958. The Cost of Capital, Corporation Finance and the Theory of Investment. The American Economic Review, 48 (3): 261 - 297.

Morck R., Shleifer A., Vishny R. W., Shapiro M., Poterba J. M.. 1990. The Stock Market and Investment: Is the Market a Sideshow? [J]. Brookings Papers on Economic Activity (2): 157 - 215.

Myers S. C., Majluf N. S.. 1984. Corporate Financing and Investment Decisions When Firms Have Information That Investors do not Have. Journal of Financial Economics, 13 (2): 187 - 221.

Myers S. C.. 1984. The Capital Structure Puzzle [J]. The Journal of Finance (39): 575 - 592.

Narayanan M. P. 1988. Debt v. s. Equity under Asymmetric Information [J]. Journal of Financial and Quantitative Analysis (23): 39 - 51.

Peltonen T. A., Sousa R. M., Vansteenkiste I. S.. 2009. Asset Prices, Credit and Investment in Emerging Markets [R]. NIPE Working Paper.

Polk C., Sapienza P.. 2009. The Stock Market and Corporate Investment: A Test of Catering Theory [J]. The Review of Financial Studies, 22 (1): 187 - 217.

Richardson S.. 2006. Overinvestment of Free Cash Flow [J]. Review of Accounting Studies (11): 159-189.

Roodman D.. 2009. How to Do Xtabond2: An Introduction to Difference and System GMM in Stata [J]. Stata Journal, 9 (1): 86-136.

Shiller R.. 1981. Do Stock Prices Move Too Much to Be Justified by Subsequent Changes in Dividends? [J] American Economic Review (LXXI): 421-436.

Shleifer A., Vishny R. W.. 1997. The Limits of Arbitrage [J]. Journal of Finance (52): 35-55.

Shleifer A., Vishny R. W.. 2003. Stock Market Driven Acquisitions [J]. Journal of Financial Economics (70): 295-312.

Stein J. C.. 1996. Rational Capital Budgeting in an Irrational World [J]. Journal of Business (69): 429-455.

Stein J. C.. 2003. Agency, Information and Corporate Investment [M] // Constantinides, G., Harris, M., Stulz, R. (Eds.). Handbook of the Economics of Finance. Amsterdam: Elsevier Science B. V.: 111-165.

Stulz R.. 1990. Managerial Discretion and Optional Financing Policies [J]. Journal of Financial Economics (26): 3-27.

Tobin J.. 1969. A General Equilibrium Approach To Monetary Theory [J]. Journal of Money, Credit and Banking, 1 (1): 15-29.

Wang T.. 2003. A Modeling Study of the Chinese Investment Fund & Assessment Performance [D]. Maastricht: Maastricht School of Management.

Williams O. E.. 1985. The Economic Institute of Capitalism [M]. New York: Free Press.